Rezepte & Backgeheimnisse

Inhalt

Johann Lafer

Die Kunst des Bäckers begleitet unser Leben, denn fast jeder Mensch hat täglich mit Brot und Backwaren zu tun. Auch mich fasziniert der Duft von ofenfrischem Brot schon seit meiner Kindheit und weckt bis heute meine Lust auf Genuss! Ein Frühstück ohne frische Brötchen oder ein Grillfest ohne leckeres Brot zu Fleisch und Soße – undenkbar. Und was wäre ein Gourmetmenü ohne den Brotkorb oder auch das Brot zum Käsegang? Die Welt wäre ärmer ohne Pausenbrote, Brotzeit und Abendbrot. Wenn ich mich erinnere an die Zeit als kleiner Bub, auf unserem Bauernhof in der Steiermark, dann war es noch selbstverständlich, dass das Brot von meiner Mutter und meiner Großmutter frisch gebacken wurde. Jeden Sonntag stand eine Torte auf dem Tisch und ich konnte in der Küche beobachten, wie Biskuitmassen oder Mehlspeisen hergestellt wurden. Liebe und Hingabe zum Handwerk waren dabei ebenso wichtig, wie besten Zutaten und Können. Schon damals konnte mich niemand davon abhalten in der Küche mitzuhelfen, so war dann auch mein erstes „Werk", das ich alleine zubereiten durfte, eine wunderbare Biskuitrolle!

Ich bin mir sicher, meine hohe Wertschätzung gegenüber Lebensmitteln und die Achtung vor der Leidenschaft zum Handwerk stammen aus dieser glücklichen Zeit und werden mich für immer begleiten. Aus diesem Grund war es für mich eine besondere Ehre, der Jury von „Deutschlands bester Bäcker" vorzustehen und die in diesem Buch vertretenen Bäckereien sowie die Menschen darin persönlich kennenlernen zu dürfen. Menschen für die, ebenso wie für mich, ihr Beruf zur Berufung geworden ist. Mit den Rezepten in diesem Buch zeigen sie, welch wunderbare Backwaren entstehen können, wenn Kreativität auf Handwerkskönnen trifft. Von einfach leckerem Gebäck bis anspruchsvoll beeindruckenden Torten finden sich Ideen für jeden Geschmack, für jeden Laien und Könner.

Viel Freude beim Nachbacken und Genießen wünscht

Ihr Johann Lafer

Bernd Kütscher

Backen ist Zauberei. Aus den Grundzutaten Mehl
und Wasser entsteht nur durch die Kunst des Bäckers das geschmackvolle Kulturgut Brot, um das
Milliarden Menschen weltweit beten. Die hiesige Ge-
treidevielfalt, das weltweit geschätzte duale Ausbil-
dungssystem, der nur in Deutschland verpflichtende
Meisterbrief für selbstständige Bäcker sowie die Auf-
geschlossenheit der reisefreudigen Deutschen haben
ein Angebot an Backwaren geschaffen, das weltweit
seines Gleichen sucht. Mehr als 3.000 verschiedene
Brotspezialitäten im Brotregister des Zentralverban-
des des Deutschen Bäckerhandwerks sprechen für
sich. Das ist Weltrekord!

Was in Deutschland alltäglich ist, wissen besonders
jene Menschen zu schätzen, die im Ausland leben.
Schon die in der Rolle der „Sissi" bekannt gewordene
Schauspielerin Romy Schneider hat damals gesagt:
„Das Einzige, was ich in Paris wirklich vermisse, ist
das deutsche Brot." Und Formel 1 Weltmeister Sebas-
tian Vettel pflichtet ihr in einem Interview bei: „Wir
alle wissen: Es gibt kein gutes Brot auf der Welt - nur
bei uns." Kein Wunder also, dass Bäcker aus aller
Welt zu uns nach Weinheim strömen, um typisch
deutsche Backspezialitäten zu erlernen und diese in
ihren Bäckereien erfolgreich herzustellen, gewisser-
maßen als Botschafter unseres Landes.

Als Johann Lafer mich gebeten hat, ihn in der Jury
des großen ZDF-Projekts „Deutschlands bester Bäcker" als Brotexperte zu unterstützen, habe ich - mit
dankenswertem Rückhalt durch das Präsidium des
Deutschen Bäckerhandwerks - daher nur zu gerne
zugesagt. Es war ein Erlebnis, die verschiedensten
Bäckereien und Konditoreien in diesem Buch kennen-
zulernen. Jede einzelne davon lebt eine große
Leidenschaft für unser Handwerk und steht stellver-
tretend für viele weitere, die in der Sendung leider
keinen Platz mehr finden konnten.

Die genannte ZDF-Serie zeigt, dass Backen nicht nur
unglaublich vielseitig und kreativ ist, sondern auch
Spaß macht.

Viel Freude dabei wünscht

Ihr Bernd Kütscher

Johann Lafer

Der sympathische Österreicher hat sich in Deutschland einen Namen gemacht: Johann Lafer gehört zu den besten Köchen des Landes. Nach einer Ausbildung als Koch im Restaurant „Gösser-Bräu" in Graz arbeitete er drei Jahre im Hamburger „Le Canard" bei Josef Viehhauser. Bereits 1980 erhielt er die Auszeichnung als bester deutscher Pâtissier und ein Jahr später seinen ersten Stern im Guide Michelin. 1983 wurde er Küchenchef im „Le Val d'Or" in Guldenthal, in dem er 1987 seine Küchenmeisterprüfung mit Auszeichnung bestand. Im selben Jahr wurde er mit einem zweiten Stern im Guide Michelin ausgezeichnet und übernahm im folgenden Jahr das Restaurant „Le Val d'Or" als Besitzer. Aufgrund des überaus großen Erfolges eröffnete Lafer 1994 ein zweites „Val D'Or" in Stromberg, wo er gemeinsam mit seiner Frau auch das Gasthaus „Turmstube" und das „Stromburg Hotel" betreibt. Der Österreicher bekam bereits zahlreiche Auszeichnungen verliehen und wurde 1997 vom Gault Millau zum Koch des Jahres gekürt.

„Brot ist einfach: Mehl, Wasser, Salz und Hefe und doch bleibt es unseren Bäckern vorbehalten, daraus etwas so Wertvolles, Schmackhaftes und Besonderes zu machen.

Ich selbst kann kaum etwas weniger widerstehen als dem Duft von gutem Brot und feinem Gebäck. Deshalb freue ich mich ganz besonders darauf, die besten ihres Fachs zu suchen und unseren Zuschauerinnen und Zuschauern die Faszination für Qualität und Leidenschaft für Handwerk zu vermitteln."

Eveline Wild *Chef- Pâtissière*

Schon als Grundschülerin malte Eveline Wild eine Torte, als sie nach ihrem Berufswunsch gefragt wurde. Zielstrebig schloss sie ihre Ausbildung als Konditorin in Innsbruck ab und verfeinerte anschließend ihre Kenntnisse als Chef-Pâtissière in namhaften Häusern in München, Sölden und Wien. Bereits als Lehrling gewinnt sie Goldmedaillen und krönt ihre Wettbewerbsstatistik bereits mit 21 Jahren durch den Gewinn der Goldmedaille bei den World Skills 2001 in Seoul.

2008 lernt Eveline den Gourmetkoch Stefan Eder kennen und lieben. Die beiden verbinden Beruf und private Leidenschaft für hochwertigste Produkte aus der Region und sie kreieren im gemeinsamen Hotelbetrieb Spezialitäten von internationalem Standard. Doch auch bei Wettbewerben bleibt sie aktiv und landet 2011 beim „Cru de Cao" auf dem Siegertreppchen.

„Du bist, was du ißt' ist in meinem Leben mehr als nur eine leere Floskel. Hochwertige Rohstoffe, Sorgfalt und viel Liebe sind die Grundlagen meines Wirkens. Aus diesem Grund konnte ich nicht widerstehen und fühle mich sehr geehrt, meine Expertise in allen süßen Bereichen der Backkunst dem Format beizusteuern. Ich bin neugierig und gespannt quer durchs Land zu reisen und Bäcker kennen zu lernen, die mit Hand und Herz ihren Beruf zur Berufung machen!"

Sabine Baumgarten *Fachlehrerin an der Meisterschule*

Das „Münchner Rindl", blickt auf eine über 22 jährige Meistererfahrung zurück und ist seit zehn Jahren Fachlehrerin an der Meisterschule in ihrer Geburtsstadt. Neben ihrer Lehrtätigkeit hat sie seit vielen Jahren die Juryleitung der deutschen Meisterschaften der Konditoren inne und ist seit 2004 Chefjurorin des Konditoren Weltverbandes, für den sie die Weltmeisterschaften in Budapest, Sao Paulo und Taipeh leitete. Zu ihrer „aktiven" Zeit war sie, nach ihrer mit dem Staatspreis prämierten

Meisterprüfung, 1994 deutsche Vizemeisterin der Konditoren.

„Viele wirklich gute Ausbildungsbetriebe im Bäcker- und Konditoren-Handwerk suchen händeringend nach geeigneten Auszubildenden, um den Fortbestand Ihres Berufes auch für die Zukunft zu sichern. Ich sehe in dieser vielseitig informativen und auch unterhaltsamen Sendung unter anderem auch eine große Chance diese beiden wunderschönen Berufe unserer Jugend näher zu bringen. Vielleicht motiviert es ja den Einen oder die Andere einen (oder beide) artverwandten Handwerke erlernen zu wollen. Ich kann sie dann zu Ihrer Wahl nur beglückwünschen."

Jochen Baier *Kapitän der Bäcker-Nationalmannschaft*

In sechster Generation betreibt der zweifache Deutsche Meister der Bäcker- und Konditorenjugend, die Demeter Bäckerei Baier im Herzen von Herrenberg mit über 70 Mitarbeitern. Quasi „nebenbei" ist er seit über zehn Jahren als Prüfer und Juror, von Meisterprüfungen und Weltmeisterschaften tätig. Er war 1998 Konditor des Jahres und ist seitdem Mitglied im Club der besten Konditoren, Patissiers

und Chocolatiers: dem CCC / CondiCreativClub. Als Mitglied der Bäcker-Nationalmannschaft führte er sein Team zum Vizeweltmeister und holte mit seinen innovativen Brotskulpturen bei der Weltmeisterschaft 2011 Gold für Deutschland.

„Mein Handwerk durfte ich bei den besten Bäckern dieser Welt erlernen. Ich freue mich, den Zuschauern die Faszination und die hohe Kunst unseres Handwerks zu zeigen. Denn Brot ist für mich Leidenschaft, der reine Hochgenuss und Tag für Tag eine neue Herausforderung, auf die ich mich freue."

Bernd Kütscher *Direktor der Bundesakademie des Bäckerhandwerks*

Der Direktor der Bundesakademie des Bäckerhandwerks hat den Bäckerberuf von der Pike auf gelernt. Der Bäckermeister und Betriebswirt ist über dem Backofen seines Großvaters aufgewachsen. Schon in jungen Jahren gewann er zahlreiche Wettbewerbe, u.a. viermal in Folge den „Stollen-Oskar". Christstollen nach seinen Rezepten werden heute in alle Welt verkauft. Zu den beruflichen Aufgaben gehört auch die Leitung des führenden Prüfinstituts für Brotqualität. Er managt zudem die Bäckernati-

onalmannschaft, hat einen Hochschul-Lehrauftrag für Food-Management, unterrichtet an mehreren Meisterschulen die Bäckermeister von morgen, schreibt Fachbücher und hält leidenschaftliche Vorträge, u.a. zur deutschen Brotkultur.

„Nachdem mich das Bäckerhandwerk schon mein Leben lang begleitet, kann ich sagen: Es wurde noch nie langweilig! Ich lerne jeden Tag dazu und habe Freude daran, mein Wissen zu teilen. Diese Passion für Brot und deren Produzenten möchte ich gerne den Zuschauern näherbringen. Besonders wichtig ist mir, dabei das leider etwas verstaubte Image des Bäckerberufs zu korrigieren und die wahre Kunst des Bäckers ins beste Licht zu rücken."

Wer will fleißige Handwerker sehen…

…der muss sich nur gemeinsam mit dem ZDF und Johann Lafer
auf die Deutschland-Reise begeben.

Gemeinsam mit einer ausgewählten Expertenjury suchen sie nämlich nach Deutschlands bestem Bäcker. In Zeiten von industriell gefertigten Massenbrötchen und Auftau-Backwaren ist es für den Verbraucher nicht immer leicht zu erkennen, wo tatsächlich noch selbst gebacken wird und man handgemachtes Gebäck und frisches Brot bekommt.

Aber es gibt sie noch, die Traditionsbetriebe und Backmanufakturen. Im ganzen Land wurde gesucht, gestöbert und schließlich 72 Betriebe für die ZDF Sendung „Deutschlands bester Bäcker" ausgewählt.

Bäcker gegen Bäcker

Wer die Wahl hat, hat die Qual. Um den besten Bäcker unter vielen Talenten zu ermitteln, müssen die Kandidaten zunächst in Dreierteams gegeneinander im Geschmackstest vor der Jury bestehen.

Von den Juroren werden je zwei Produkte aus dem Sortiment der Bäckerei und die Spezialität des Hauses verkostet. Im Anschluss gilt es ein vorgegebenes Gebäck als Bester umzusetzen. Der Sieger aus der Gesamtverkostung zieht in das Wochenfinale ein.

Am Ende einer jeden Woche backen die vier Tagessieger um den Wochensieg. Dabei müssen Sie zunächst ein Picknick mit drei süßen und drei herzhaften Gebäcken herstellen. In einer zweiten, von der Jury gestellten Aufgabe sollen die Kandidaten mit Kreativität und Geschmack überzeugen.

Die sechs glücklichen Gewinner der Wochenfinale treten ein letztes Mal im großen Finale in Berlin gegeneinander an. Eine Woche lang müssen sie sich den unterschiedlichsten Herausforderungen stellen, bis am Ende der beste Bäcker gefunden ist. Liebe Kandidaten, an die Bleche, fertig, los!

Einmal quer durch Deutschland

Die Suche nach Deutschlands bestem Bäcker beginnt im Ruhrgebiet, im alten Wasserwerk in Bonn treten die Bäckerei Potthoff in Hamm, die Bäckerei Karasu und die Bäckerei Küper gegeneinander an. Bauernbrot oder Baklava? Gleich zu Beginn der Sendung zeigt sich die Bandbreite der unterschiedlichen Backwaren.

Im Rheinland müssen die Bäckerei Mohr, die Herkules Bäckerei und die Bäckerei Hinkel ihr Handwerk an einem rheinischen Klassiker beweisen und den Königskuchen neu interpretieren.

Was sich hinter der Hausspezialität „schwarze Bröckchen" verbirgt, erfährt die Jury beim Besuch der Bäckerei Diepenbrock, die im Münsterland gegen die Bäckerei Hellmann und die Bäckerei Schmitz antritt.

In Ostwestfalen treffen die Bäckerei Arno Simon, die Holzofenbäckerei Schnarre und die Bäckerei Mellies aufeinander. Die Variation der lippischen Strohsemmel entscheidet mit über den Tagessieg.

In Jena gibt es für die Jury thüringische Spezialitäten der Bäckerei Höhne, der Boulangerie Carlo P. und der Bäckerei Süpke. Doch welche ist die Beste? Für die Experten vor Ort keine leichte Entscheidung.

Für die kompetente Fachjury ging es zusammen mit Johann Lafer paarweise auf Deutschland-Tour.

Ins Finale wünschen sich in Berlin die Bäckerei Mälzer, die Feinbäckerei Kuchenrausch und die Bekarei. Für die Tagesaufgabe drücken wir natürlich die Daumen. Weiter geht es dort mit süßen Leckereien der Bäckerei Fischer, der Bäckerei Baumgarten und der Landbäckerei Marzahne.

Ein Winzerbrot gibt es für die Jury in Sachsen bei der Bäckerei Wippler, sie muss sich allerdings noch gegen die Dresdner Mühlenbäckerei und ihrem Whiskeystollen und den Kartoffelkuchen der Bäckerei Schmieder behaupten.

In Oberbayern zeigen die Bäckerei Ways, die Bäckerei Stiehel und die Bäckerei Kuttenreich in der Tagesaufgabe, wie eine Prinzregententorte gelingt. In München hat das Kubitschek eine Semmel speziell für die Sendung kreiert. Aber auch das Backhaus Dümig und das Chocolatte wollen die Jury überzeugen.

Einen Schwarzbierknorz kredenzt typisch bayerisch Webers Landbäckerei und auch bei der Bäckerei Voit und der Bäckerei Schmitt geht es für die Jury herzhaft weiter mit Neander-Leib und Königin Brot. Kreativ wird es in Niederbayern bei der Bäckerei Gabelsberger und ihrem Zoccoletti mit Ingwer-Dörrpflaume. Den Tagessieg wollen aber auch die Bäckerei Soller und die Bäckerei Regner.

Vom Süden geht es für die Jury in den hohen Norden, wo sie die Holzofenbäckerei Ripken, die Bäckerei Baalk und die Bäckerei Sammann auf Herz und Nieren testet. Ein Butterkuchen ist die Tagesaufgabe.

Das leichte Mädchen soll in Hamburg den Tagessieg für das Café Schmidt einfahren. Der Finkenwerder Bäcker und die Bäckerei Dwenger geben sich aber nicht so einfach geschlagen.

Weiter geht die Reise nach Niedersachsen. Hier treffen die Landbäckerei Bosselmann, das Back- und Naschwerk aus Hannover und die Bäckerei Detlef Schiano aufeinander. Gersterbrot soll nach bestem Wissen für die Jury zubereitet werden.

Das Passader Backhaus, die Bäckerei Tackmann und die Bäckerei Schlüter warten in Mittelholstein auf die Bewertung der Jury. In Baden-Württemberg wird es für Krimmers Backstube, die Bäckerei Stoll und die Bäckerei Hirth ernst. Was schmeckt besser, Hohenloher Genetztes oder das Opa-Franz-Brötchen?

In Stuttgart gibt es für die Jury Eselsohren in der Eselsmühle Backstube und Leckeres aus der Dinkelbäckerei Authenrieth und der Bäckerei Renz. Am Bodensee Ofenschlupfer der Bäckerei Reck-Beck, Charlotten vom Café Schmidt und ein Holzofenbrot vom Schlosscafé Neyer. Die Entscheidung fällt sicher nicht leicht.

Aus Gaggenau misst sich die Bäckerei Liedtke gegen die Bäckerei Abele und die Bäckerei Lutz. Für die Jury gibt es Gründonnerstagskringel, Erdbeer-Sauerrahm-Traum-Törtchen und Gaumentanzbrot. Kasseler Brot sollen die Bäckerei Fink, die Meddeler Bäcker und die Bäckerei BrotZeit in Mittelhessen zubereiten.

Glutenfrei gebacken wird von der Maisterei in Solms-Oberndorf, die Gegenkandidaten Konditorei Schmidt und die Kunstbäckerei Hensler schicken ein Bärlauch Fougasse und ein Gewürzbrot ins Rennen.

Ein exotisches Dessert-Törtchen gibt es in Frankfurt von der Confisserie Graf. Süß geht es auch bei der Bäckerei „Zeit für Brot" weiter und das Grüntee-Törtchen der Pâtisserie Iimori rundet diesen Wettkampf ab.

Am Ende der Deutschland-Reise gibt es im Saarland nochmal salzig und süß. Die Bäckerei Fetzer zaubert Petit Fours, Olks Vollkornbackhaus eine Dinkel-Lebkuchenschnitte und die Bäckerei Roland Schäfer präsentiert ihr Museumsbrot.

Die Auswahl der unterschiedlichen Gebäcke ist wohl ebenso groß wie die Entscheidung schwer. Wer soll der Sieger werden?

Mitfiebern, mitbacken, mitgenießen!

Johann Lafer und seine Jury konnten auf ihrer Reise die vielen Backwerke der Bäcker probieren und genießen. Damit auch Sie zu Hause zu diesem Vergnügen kommen, finden Sie in diesem Begleitbuch zur Sendung rund 70 Rezepte der teilnehmenden Bäckereien zum Nachbacken. Die einzelnen Rezepte wurden von den Bäckern nach bestem Wissen und Gewissen exklusiv für dieses Buch zur Verfügung gestellt. Als Backprofis haben die Bäcker natürlich in ihrem Alltag andere Arbeitsvoraussetzungen als im privaten Haushalt üblich. Aus diesem Grund wurden die Rezepte zusätzlich von Fachberatern getestet und gegebenenfalls an den Hausgebrauch angepasst. Bei einigen der Hausspezialitäten aus den teilnehmenden Betrieben handelt es sich um gut gehütete Familienrezepte, in diesem Fall haben uns die Bäcker ein anderes, ebenso leckeres Rezept erstellt. Wir bitten um Verständnis für die Abweichungen zur Sendung in diesen Fällen.

Warenkunde & Grundrezepte

Mehl und Mahlerzeugnisse

...sind die wichtigsten Backzutaten. Dabei müssen Mahlprodukte gar nicht immer von echtem Getreide stammen.

Weizen

Neben Getreide kommt auch eine Reihe von stärkehaltigen Samen zum Einsatz, etwa Buchweizen, Quinoa, Amaranth oder Sojabohnen. Unangefochten aber ist Weizen das beliebteste Getreide für Mehl. Es gehört zu den wenigen Getreidearten, die alleine backfähig sind und die man daher als Brotgetreide bezeichnet. Sie haben die Fähigkeit, Lockerungs- bzw. Triebgase, die im Teig bzw. Gebäck entstehen, in Poren festzuhalten. Verantwortlich dafür ist der *Kleber* – auch *Gluten* genannt –, ein Eiweiß, das durch Zugabe von Flüssigkeit und durch Kneten quillt und ein zusammenhängendes, elastisches und dehnbares Gerüst im Teig bildet. Die Triebgase dehnen sich durch die Backhitze aus, werden aber vom Kleber am Entweichen gehindert und so geht das Gebäck auf.

Die Klebereigenschaften lassen sich durch eine geringe Salzzugabe verbessern. Beim Weizen unterscheidet man zwischen Hart- und Weichweizen. Beide werden gemischt und zu diversen Mahlerzeugnissen verarbeitet. *Weizenmehl* gibt es mit den Typenbezeichnungen 405 *(1)*, 550 *(2)*, 812, 1050 *(3)*, 1600 und 1700. Bei *Vollkornmehl* erfolgt in der Regel keine Typenangabe.

Verwendung: Weizenmehl ist die Mehlsorte, die zum Backen hierzulande am häufigsten eingesetzt wird, wobei die verschiedenen Mehltypen in unterschiedlichen Einsatzbereichen eine Rolle spielen. Weizenmehl Type 405 ist das bevorzugte Haushaltsmehl und gilt als »Allrounder«: Es eignet sich für Feingebäck, wie Tortenböden und Kuchen, Sandkuchen genauso wie für Brot, Croissants, Käsegebäck oder Quiches. Sehr beliebt ist in Deutschland auch Weizenmehl Type 550, das man aufgrund seines höheren Klebergehalts vor allem für feinporige Teige verwendet, etwa für Rührmasse und Kleingebäck, aber auch für helle Brote, Brötchen und Pizza. Weizenmehle der Typen 812 und 1050 kommen in Lebkuchenteig sowie für Mischbrot, Pizza oder pikante Kuchen zum Einsatz. Die kräftiger schmeckenden Typen 1600 und 1700 machen sich gut in Vollwertgebäck, Mischbrot und Vollkornbrot bzw. Vollkornbrötchen, die sie nebenbei auch noch mit vielen gesundheitsfördernden Ballaststoffen anreichern.

Roggen

Roggen ist nach Weizen das zweitwichtigste Brotgetreide Europas, etwa ein Viertel der gesamten deutschen Roggenernte dient der Brotherstellung. In Europa wächst klimabedingt bevorzugt Winterroggen, Sommerroggen ist dagegen seltener. Beide werden zu Mahlprodukten verarbeitet und backtechnisch nicht unterschieden. Roggenmehle fallen im Vergleich zu Weizenmehlen etwas dunkler mit einem Hauch ins Graue aus. Auch ist ihr Geschmack kräftiger als der von Weizen. Alleine ist Roggen nur schlecht backfähig, denn das Roggenkorn enthält zum größten Teil wasserlösliche Eiweiße die keinen Kleber bilden.

Verwendung: Roggenmehl ist die Basis für herzhaftes und länger haltbares Sauerteigbrot. Es eignet sich gut für Fladenbrote oder lässt sich gemischt mit Weizen- oder Dinkelmehl einsetzen (z.B. für Mischbrot). Ähnlich wie bei Weizenmehl werden die verschiedenen Roggenmehltypen für unterschiedliche Produkte bevorzugt: Die Mehltype 815 schätzt man vor allem in Süddeutschland als Backzutat für helles Brot oder zum Beispiel auch für Lebkuchenteig. Die Typen 997 *(4)* und 1150 werden vor allem für Mischbrot, aber auch für Früchtebrot oder pikantes Gebäck verwendet. Roggenmehle der Typen 1370 und 1740 sind die typischen *»Bäckermehle«* für herzhafte Roggen- oder Roggenmischbrote. Für Vollkorn- bzw. Schrotbrot wird die Type 1800 *(5)* bevorzugt.

1. Weizenmehl Type 405 ist ein feines, helles Mehl, das universell für Kuchen, Torten und Kleingebäck eingesetzt werden kann.

2. Weizenmehl Type 550 ist das beste Mehl für Kleingebäck, Weißbrot und Brötchen. Es lässt Teige besonders gut aufgehen.

3. Weizenmehl Type 1050 eignet sich besonders gut für Lebkuchen, Mischbrot oder auch für dunkleres Brot.

4. Roggenmehl Type 997 ist fein ausgemahlen. Passt für pikantes Gebäck und Brot.

5. Roggenvollkornschrot Type 1800, aus ganzen Körnern gemahlen, geeignet für Brot.

6. Roggenvollkornmehl ist vor allem für Brot und Brötchen geeignet.

7. Haferflocken: kommen für Haferkekse und Vollwertbrötchen zum Einsatz.

8. Hafermehl ist ein typisches Zumischmehl für Gebäck.

9. Maismehl ist fein-pulverig und wird für glutenfreies Backen verwendet.

Hafer, Hirse, Mais

Sie werden zwar zum Brotbacken verwendet, kommen aber in unseren Breitengraden seltener als andere Getreide zum Einsatz: Die Rede ist von Hafer, Hirse und Mais. Hafer liefert neben *Haferflocken (7)* das vor allem in Großbritannien beliebte *Hafermehl (8)*. *Hirse* gilt als das älteste Getreide überhaupt und wurde bereits vor mehreren Tausend Jahren zu Fladenbrot verarbeitet.

Mais unterteilt sich in zwei Arten: Während aus Hartmais größtenteils *Maisstärke* gewonnen wird, findet man Weichmais zumeist als *Maismehl (9)* und -*grieß* im Handel. Verwendung: Haferflocken und -mehl sind Hauptzutaten für Haferkekse bzw. Haferflockenplätzchen, eine schottische Spezialität. Sie spielen, wie auch ganze Haferkörner, eine Rolle beim Backen von Vollwertgebäck bzw. Vollkornbrot und -brötchen.

Dank Hirse bleibt Menschen mit einer Gluten unverträglichkeit der Genuss von Brot, Kuchen oder Pizza nicht verwehrt. Aber auch gesunde Menschen schätzen das mineralstoffreiche Getreide als Zutat in Vollkornbrot und -brötchen. In afrikanischen und asiatischen Ländern ist Hirse bis heute Grundnahrungsmittel und wird, mehr oder weniger fein vermahlen, zum Backen von Fladenbrot verwendet. Aus Maismehl backt man in Südamerika Tortillas, die beinahe täglich auf dem Speiseplan stehen. Im Süden der USA sowie in Spanien und Portugal isst man spezielle Maisbrote, für die vorwiegend feines Maismehl verarbeitet wird.

Stärkeprodukte

Neben herkömmlichen Mehlen leistet auch sogenanntes *Stärkemehl* bei der Gebäckherstellung gute Dienste. Es wird vor allem aus Weizen (*Weizenstärke* oder auch *Weizenpuder* genannt), Mais *(Maisstärke)* oder Reis *(Reisstärke)* gewonnen. Daneben wird Stärke auch aus nicht getreideartigen Pflanzen hergestellt. So kennt man etwa *Kartoffelstärke*, umgangssprachlich auch als *Kartoffelmehl* bezeichnet. Sowie Tapioka, eine Stärke aus Maniok oder aus Teilen der Sagopalme. Pfeilwurzelmehl ist eine Speisestärke, die man aus den Knollen und Wurzeln tropischer Pflanzen produziert. Stärke ist ein natürlicher Bestandteil von Getreidekörnern und Backmehlen. Aufgrund ihrer besonderen Eigenschaften gehört sie aber auch in isolierter Form, also als reine Stärke ohne zusätzliche Mehlanteile in jede Backstube. Erhitzt man sie nämlich mit Flüssigkeit, bildet sie eine Art Gel und verkleistert.

Verwendung: In Backrezepten wird meist keine bestimmte Stärkesorte gefordert, da sie sich in ihren Backeigenschaften für den Hausgebrauch kaum unterscheiden. Generell dient Speisestärke vor allem zum Andicken von Cremes oder Gebäckfüllungen, wird aber auch, mit Mehl gemischt, direkt bei der Teigzubereitung eingesetzt: Das Gebäck erhält dann eine feinere, aber auch etwas kompaktere Krume. Stärke ist zudem das Ausgangsprodukt für die Herstellung von Glukosesirup, der als Zucker für Backwerk eine eigene Rolle spielt.

Backhilfsstoffe

…wie Trieb- oder Geliermittel sind vielfältig hinsichtlich ihrer Eigenschaften
und es gibt nur wenige Gebäcke, die ohne sie auskommen.

Hefe und Sauerteig

Hefezellen sind Mikroorganismen, die überall in der Natur vorkommen und für den Einsatz in der Küche in speziellen Fabriken gezüchtet werden. Von dort kommen sie aufbereitet als *Presshefe* (500-g-Stücke), *Haushaltshefe* (42-g-Würfel), *Flüssighefe* (für die Backwarenindustrie) sowie als *Trockenhefe* (als Pulver, Flocken oder Granulat) in den Handel. Backwaren mit Roggenmehl werden mit *Sauerteig gelockert,* der allein oder in Kombination mit Hefe eingesetzt wird. Man kann ihn getrocknet oder flüssig kaufen sowie selbst ansetzen. **Verwendung:** Frische Hefe sollte im Kühlschrank, Trockenhefe vor allem trocken gelagert werden. Frischer Sauerteig hält im Kühlschrank 1 bis 2 Wochen, wenn man ihn »füttert«, auch länger. Hefe lockert süßes oder pikantes Hefeteiggebäck. In Rührteigen und Massen spielt Hefe dafür keine Rolle, da hier in der Regel zu wenig Wasser vorliegt, in dem sich die für die Ernährung der Hefe wichtigen Zucker lösen könnten. Bei Backwaren aus Plunderteig kommen Hefe und Wasserdampf als Lockerungsmittel kombiniert zum Einsatz. Ohne Sauerteigzusatz könnte reiner Roggenmehlteig beim Backen keine Krume bilden, da dem Roggenmehl der Kleber fehlt, der in Weizenmehlteigen die Gärgase festhält. Diese Aufgabe kommt in Roggenmehlteigen dem Sauerteig zu, der als Triebmittel für alle Arten von Roggenbrot und -brötchen dient. In vielen Rezepten werden Hefe und Sauerteig als Triebmittel kombiniert, etwa bei Gebäck, das aus einer Mischung von Weizen- und Roggenmehl hergestellt wird, z.B. Mischbrot.

Hefe in Trockenform ist um ein Vielfaches länger haltbar als Frischhefe.

Backpulver und Natron

In der EU ist nur eine begrenzte Anzahl an Lebensmittelzusatzstoffen als Backtriebmittel zugelassen, die ihre Wirkung auf chemischem Wege entfalten. Hierzu zählen *Backpulver, Natron, Hirschhornsalz* und *Pottasche.* **Verwendung:** Das von Hobbybäckern am häufigsten eingesetzte chemische Triebmittel ist Backpulver. Es eignet sich für fett- und zuckerreiche Massen und Teige, wie Sandkuchen, Spekulatius oder Donuts. Natron trocknet Gebäck relativ stark aus, daher wird es nur begrenzt allein als Triebmittel zum Backen verwendet.

Gelatine und Agar-Agar

Mit Ausnahme von Gelatine, die tierischen Ursprung hat, sind alle Binde- und Geliermittel pflanzlich. Sie enthalten quellfähige Bestandteile, die Flüssigkeit mehr oder weniger stark aufnehmen und binden. Die für den Hobbybäcker wichtigsten Geliermittel sind *Gelatine* und *Agar-Agar.* **Verwendung:** Für (schnitt-) festes Gelee, gestürzte Cremespeisen oder Wackelpudding eignet sich Gelatine am besten, denn nur sie ergibt die charakteristische feste oder wackelige Konsistenz. Gelatineblätter *(Blattgelatine)* müssen in kaltem Wasser eingeweicht werden, *Pulvergelatine* rührt man zum Quellen mit kaltem Wasser an, bevor beide bei schwacher Hitze aufgelöst werden. Achtung: Gelatine pur darf nicht kochen, da sie sonst »leimig« schmeckt. Ihre steifende Wirkung entfaltet sie erst, wenn die Masse vollständig erkaltet ist. Für vegetarische Zubereitungen wird statt Gelatine Agar-Agar verwendet, das eine annähernd vergleichbare Konsistenz ergibt. Agar-Agar wird direkt in die zu bindende, kalte Flüssigkeit eingerührt und anschließend aufgekocht. Die gebundene Masse beginnt bereits im lauwarmen Zustand zu gelieren.

Eier und Milch

...zählen neben den Getreideprodukten zu den wichtigsten Backzutaten,
denn nur ganz wenige Köstlichkeiten aus dem Ofen kommen komplett
ohne »Vollei«, Eigelb oder Eiweiß aus.

Vollei, Eigelb und Eiweiß

Eiweiß und Dotter zusammen heißen fachsprachlich auch »*Vollei*«. Profikonditoren und -bäcker setzen bei der Gebäckherstellung auch häufig industriell gefertigte *Eiprodukte* ein, z.B. *pasteurisiertes Vollei*, *Eiweiß* und *Eigelb* so wie *Trockenvollei*, *-eiweiß* und *-eigelb*. Merkmale: Hühnereier kommen in vier *Gewichtsklassen* in den Handel. Wird in Backrezepten keine spezielle Angabe gemacht, kann man von mittelgroßen Eiern (Gewichtsklasse M) ausgehen. Darüber hinaus gibt es für Hühnereier *Güteklassen*: Die »normalen« Konsumeier entsprechen der Klasse A (»frisch«) bzw. A-extra (»besonders frisch«, d.h. nicht älter als 7 Tage). Eier der Klasse B sind nur zur industriellen Verarbeitung bestimmt, Klasse-C-Eier sind nicht zum Verzehr geeignet. Ob ein Ei zum Backen taugt, entscheidet sein Alter: Denn nur frisch kann es als luftig-lockernder Aromaspender in Teigen glänzen. Beim Einkauf deshalb immer einen Blick auf das Mindesthaltbarkeitsdatum werfen: Dieser Termin minus 28 Tage ergibt in etwa das *Legedatum*.

Milch

Wird für Teige, Cremes oder Gebäckfüllung eine Flüssigkeit benötigt, ist in Rezepten dafür häufig Milch vorgesehen. In frischer Milch schwimmen feinste Fettkügelchen. Lässt man *Rohmilch* stehen, steigen die Fettkügelchen nach oben: Die Milch »rahmt auf«, was unerwünscht ist, weil es die Haltbarkeit verringert. Daher werden in der Molkerei die Fettkügelchen zerkleinert (Homogenisieren). Hitzebehandelte und homogenisierte Milch findet man als (länger haltbare) *Frischmilch* bzw. als lange haltbare *H-Milch* im Supermarkt, beides mit unterschiedlichen Fettgehalten.
Verwendung: Milch (außer H-Milch) verdirbt relativ rasch und gehört deshalb in den Kühlschrank. Da sie fremde Gerüche schnell annimmt, sollte man sie zudem dicht verschließen. Als sogenannte Zuguss- oder Schüttflüssigkeit verhilft sie Teigen zur richtigen Konsistenz. Im Gegensatz zu Wasser verleiht Milch den Teigen ein volleres und feineres Aroma.

Milch gibt es in unterschiedlichen
Fettstufen und ist wie Eier wichtiger
Bestandteil für viele Backrezepte.

Schokolade, Marzipan & Co.

…machen Liebhaber süßen Gebäcks ganz besonders glücklich, denn was wäre die Welt ohne Schokoladenkuchen, Nougattörtchen, Marzipanmakronen?

Kakao

Der Geschmack von Kakao ist abhängig von der Sorte, von den Anbaubedingungen und von der Verarbeitung, die einen großen Einfluss auf die Bildung der Aromastoffe hat. Die Aromanoten von Kakao reichen von herb-bitter bis fruchtig-süß. **Verwendung:** Kakaopulver eignet sich auch zum dekorativen Bestäuben von Kuchen, Torten oder Kleingebäck. Das Geheimnis von schön glänzenden Marzipanerzeugnissen liegt in der Kakaobutter, mit der Konditoren Figuren, Blüten & Co. bestreichen. Soll ein Schokoladenüberzug besonders dünn und knackig sein, greift der Profi ebenfalls zu Kakaobutter, um die Kuvertüre zu verdünnen.

Schokolade und Kuvertüre

Prinzipiell unterscheidet man zwischen den Grundsorten *Bitterschokolade*, *Milchschokolade* und *weiße Schokolade*. Daneben gibt es Spezialprodukte, die zum Verarbeiten gedacht sind, etwa *Kuvertüre* und *Blockschokolade*. Und in jedem Supermarkt findet sich ein Sortiment an *Schokoladendekor*. Einfach und schnell gelingt das Glasieren mit Schokolade durch fertige *Schokoladen-* bzw. *Fettglasur*. **Verwendung:** Schokolade wird gerieben oder geschmolzen und meist leicht abgekühlt unter Teige und Massen gemischt, um diesen ein feines Schokoladenaroma zu verleihen. Soll der knackige Biss der Schokolade erhalten bleiben, kommt sie grob gehackt in den Teig, etwa für Chocolate Cookies. In geschmolzener Form aromatisiert sie Creme oder Sahne, denen sie nicht nur ihren Geschmack, sondern nach dem Erkalten auch zusätzliche Steife verleiht. Prinzipiell lässt sich jede Rezeptur, in der Schokolade angegeben ist, auch mit Kuvertüre umsetzen.

Nougat

Bestimmte Gebäckspezialitäten enthalten *Nougatmasse* bzw. *Nougat*. Nougatmasse wird aus Mandeln oder Haselnüssen, Zucker und Kakaoerzeugnissen hergestellt. **Verwendung:** Nougatmassen sind die Generalisten unter den Geschmackszutaten: Sie schmelzen für Pralinen, Schichtnougat sowie Gebäck- und Tortenfüllungen auf der Zunge oder vereinen sich mit anderen Zutaten zu köstlichen Cremes (z.B. Nougatsahnetorte) und Glasuren.

Marzipan, Persipan & Co.

Für den Laien sind Marzipan- und Persipanrohmasse im Geschmack nur schwer zu unterscheiden. Persipanrohmasse gilt als weniger hochwertig und ist daher im Handel preisgünstiger als Marzipanrohmasse. **Verwendung:** Marzipanrohmasse eignet sie sich auch als hocharomatische Gebäckfüllung, etwa in Marzipanstollen. Persipanrohmasse kann Marzipanrohmasse ersetzen, wird aber in der Regel nur dann verwendet, wenn ein »kernigerer« Geschmack gewünscht ist, z.B. bei Nussfüllungen. Marzipan verwendet man vor allem zum Modellieren von Figuren und Blüten sowie zum Eindecken von Torten und Petits Fours.

Umso höher der Anteil an Mandeln im Marzipan, umso besser ist die Qualität.

Formen und Geräte zum Backen

Im Fachhandel findet der Hobbybäcker
professionelle Helfer jeglicher Art für die Backstube.

Bleche und Formen

Üblicherweise sind beim Kauf eines Backofens zwei passende Backbleche aus Alu, Edelstahl oder emailliertem Blech im Preis inbegriffen: eines davon ist in der Regel flach und ideal für Kleingebäck und Biskuitrouladen, das andere tief für saftige Blechkuchen. Kommen Weißbrot und Brötchen, Muffins, Florentiner oder Tartelettes häufiger in den Backofen, ist die Anschaffung eines entsprechenden Spezialblechs – am besten mit kratzfester Antihaftbeschichtung – durchaus eine Überlegung wert.

Eine noch größere Vielfalt eröffnet sich dem Hobbybäcker bei Backformen. Die klassische Springform mit abnehmbarem Rand ist jedoch immer noch die am häufigsten eingesetzte Backform und eignet sich auch als Ersatz für eine Tarteform, die nicht jeder besitzt. Für mehr Abwechslung beim Kaffeekränzchen sorgt ein zweiter auswechselbarer Boden, der häufig das Springformset ergänzt: Er verwandelt das schlichte Rund in eine Kranzkuchenform.

In keinem Haushalt fehlen sollte eine Kastenform mittlerer Größe (etwa 24 cm Länge), die man für viele Rührkuchen benötigt. Größere Kastenformen eignen sich auch für Brote. Neben Einweg-Formen aus ofenfestem Papier (z.B. für Muffins) und glasierten Keramikformen gibt es Bleche und Backformen vor allem aus Aluminium, teflonbeschichtetem oder emailliertem Blech sowie Silikon.

Jedes Material hat Vor- und Nachteile: Papierformen erfordern keine Formvorbereitung. Keramikformen heizen sich langsam auf und speichern die Wärme – ideale Bedingungen also, damit Hefeteiggebäck und Rührmassen im Ofen optimal aufgehen. Schwere Rührmassen werden trotz ihrer langen Backzeit in Weißblech- bzw. Aluformen nicht so dunkel wie in Schwarzblech- bzw. emaillierten Formen, und auch Baiser behält dann die gewünschte vornehme Blässe. Silikon gibt die Ofenhitze so ausgeglichen an das Gebäck weiter, dass dieses besonders gleichmäßig gart und bräunt.

Nützliche Kleinutensilien

Die meisten Back-Hilfsmittel sind in einer durchschnittlich ausgestatteten Küche schon vorhanden, wie etwa Waage, Messbecher, Rührschüsseln, Mehlsieb, Teigschaber, Schneebesen und Teigroller. Darüber hinaus kann aber durchaus das ein oder andere Spezial-Equipment Sinn machen: Wer keine Marmor-, Stein- oder Edelstahlarbeitsfläche besitzt, sollte Teige auf einem Backbrett oder einer Silikonmatte kneten und verarbeiten.

Mit Streichring und Palette lassen sich Massen exakt und schnell aufstreichen, etwa wenn man mehrere dünne und gleich große Tortenböden herstellen möchte. Ein Kuchengitter, auf dem Gebäck auskühlen oder Glasur abtropfen kann, ist eine praktische Anschaffung, und mithilfe von Winkelpalette bzw. Palette lassen sich Cremes, Füllungen und Glasuren perfekt verstreichen.

Wer gerne dekoriert, wird Einwegspritzbeutel aus Kunststoff oder einen waschbaren (Textil-)Spritzbeutel mit Spritztüllen in unterschiedlichen Formen und Größen schätzen.

Der Kuchenretter hilft beim Transport fertiger Tortenböden, Kuchen oder Torten. Auf einer passenden Tortenplatte platziert, kann das liebevoll hergestellte Gebäck schließlich mit Messer und Tortenheber zu Tisch getragen werden: Dem stilvollen Genuss steht nun nichts mehr im Wege.

kleine Warenkunde

Mit einer guten Grundausrüstung ist man für die meisten Backrezepte bestens gerüstet.

Die verschiedenen Backformen schaffen Abwechslung auf dem Kuchentisch.

Brotteig

Ein Arbeitsschritt findet sich bei jedem Brotrezept, nämlich Mehl mit einer Flüssigkeit,
z.B. Wasser oder Buttermilch, sowie mit Salz und Gewürzen zu vermengen.
Das ist nicht schwer – und doch schon ein großer Schritt zum Ziel.

Sauerteig ansetzen

Sauerteig kann man selbst ansetzen, aber auch getrocknet oder flüssig in Supermärkten, beim Bäcker oder im Fachhandel kaufen.

Brotteige herstellen

Egal, ob ein Brotteig mit Hefe oder Sauerteig oder beidem gelockert wird: In jedem Fall muss der Teig kräftig geknetet werden. Das geht am besten mit einer Küchenmaschine oder natürlich auch von Hand (mindestens 10 Minuten). Dinkelteige bilden hierbei die Ausnahme: Sie dürfen nicht so lange bearbeitet werden, da sie ansonsten weich und klebrig werden und ihre Spannung verlieren.

Formen und Backen

Sehr weiche Teige gibt man in Backformen oder auch Bratschläuche, da sie sonst zerfließen. Für Sauerteigbrote sind Weißblechformen nicht geeignet, da ihr Säuregehalt das Material angreift. Feste Teige kann man zu Laiben rund kneten oder nach Belieben kleine Brötchen daraus formen. Brotlaibe oder Brötchen werden zum Backen auf mit Backpapier belegte oder gefettete und gemehlte Bleche gelegt. Anschließend müssen sie erneut gehen.

Während der zweiten Teigruhe ist genügend Zeit, um den Ofen vorzuheizen. Am besten kontrolliert man mithilfe eines Ofenthermometers, ob im Garraum tatsächlich die gewünschte Temperatur herrscht. Erst dann dürfen die Teiglinge nämlich eingescho-

Am 1. Tag 50 g Roggenmehl mit 50 ml warmem Wasser verrühren, abdecken und 2 Tage an einem warmen Ort stehen lassen.

Am 4. Tag 100 g Roggenmehl und 100 ml warmes Wasser unterrühren, wieder abdecken und 1 Tag stehen lassen.

Am 3. Tag den Ansatz mit je 50 g Roggenmehl und warmem Wasser verrühren, abdecken und 24 h an einem warmen Ort stehen lassen.

Am 5. Tag sollte der Ansatz kleine Bläschen werfen und angenehm säuerlich riechen. Jetzt kann er verarbeitet werden.

Step 1 Das Weizenmehl mit dem Roggenmehl, dem Salz und Brotgewürz in einer Schüssel vermengen.

Step 2 Die Hefe zerbröckeln und in einer Schüssel mit 350 ml lauwarmen Wasser auflösen.

Step 3 Den Sauerteig, den Zuckerrübensirup und die aufgelöste Hefe zum Mehl geben.

ben werden. Brot wird auf der mittleren Schiene oder im unteren Drittel des Backofens gebacken. Ob es nach Ablauf der angegebenen Backzeit fertig ist, lässt sich bei nicht zu fester Kruste mittels Stäbchenprobe feststellen.

Sauerteigbrot

- 250 g Weizenmehl (Type 550)
- 350 g Roggenmehl (Type 1150)
- 1 EL Meersalz, 2 TL Brotgewürz
- 1 Würfel frische Hefe (42 g)
- 100 g Sauerteig, 1 EL Zuckerrübensirup
- Mehl zum Arbeiten, 1 Backblech

Den Teig herstellen, wie in der Bildfolge auf S. 28, Steps 1 bis 4, beschrieben. Dabei zum Teigkneten am besten eine leistungsstarke Küchenmaschine verwenden; erst auf langsamer, dann auf schneller Stufe insgesamt etwa 8 Minuten kneten. Den Teig mithilfe einer Teigkarte von der Schüssel auf eine bemehlte Arbeitsfläche geben, zur Kugel formen und in einem Gärkorb oder auf der bemehlten Arbeitsfläche zugedeckt 15 Minuten ruhen lassen (S. 29, Step 5). Den Teig anschließend rund kneten und mit dem sogenannten Schluss (den »Nahtstellen« im Teig) nach unten auf ein bemehltes Blech setzen. Erneut abdecken und etwa 30 Minuten gehen lassen. Den Ofen auf 220° Ober-/Unterhitze vorheizen, dabei ein Blech miterhitzen, auf dem eine Tasse Wasser verschüttet wurde. Den Laib etwa 10 Minuten bei 220° anbacken (mittlere Schiene), die Temperatur auf 210° drosseln und das Brot etwa weitere 30 Minuten backen.

Step 4 Alles zu einem relativ klebrigen, aber homogenen Teig verkneten.

Step 5 Den Teig in einen Gärkorb oder auf die Arbeitsfläche legen, bemehlen, abdecken und 15 Minuten gehen lassen.

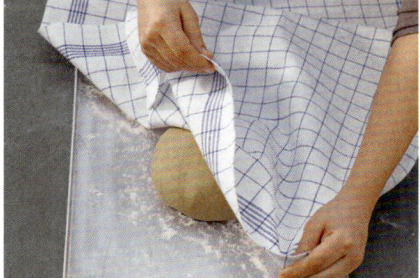

Step 6 Den Teig rund kneten und auf das Blech geben. Abgedeckt gehen lassen, bis er sichtlich größer geworden ist.

Step 7 Wie im Rezept angegeben backen, nach 30 Minuten das Brot herausnehmen.

Klassischer Hefeteig

Wie viel Hefe für einen Teig benötigt wird, hängt davon ab,
welche Art von Gebäck man zubereiten möchte.

Für Pizzateig rechnet man 20 bis 30 g frische Hefe pro Kilogramm Mehl, für Weizenbrot 30 bis 40 g, für Hefezopf, Berliner oder Rohrnudeln 50 bis 70 g und für Stollen 70 bis 100 g. Wer keine Frischhefe im Haus hat, kann ersatzweise auf Trockenhefe ausweichen, wobei 1 Päckchen Trockenhefe (7 g) etwa 20 g Frischhefe entspricht.

Schwerer Hefeteig mit mehr als 250 g Fett pro Kilogramm Mehl wird für Gugelhupf, Stollen oder Brioche verwendet. Auch Butterkuchen zählt zu den Gebäcken aus schwerem Hefeteig. Auf dieser Seite finden Sie das Grundrezept für den mittelfesten Hefeteig.

Mittelfester Hefeteig (ergibt etwa 1.100 g)

- 500 g Weizenmehl (Type 550)
- 1 Würfel frische Hefe (42 g), 1/4 l lauwarme Milch
- 150 g Zucker, 120 g Butter, 1 Prise Salz
- 1 Ei (50 g), Mehl zum Arbeiten
- Fett für das Backblech, 1 Backblech

Das Mehl in eine Schüssel sieben, in die Mitte eine Mulde drücken und einen Hefeteig mit Vorteig herstellen, wie in der Bildfolge unten, Steps 1 bis 5, gezeigt. Den Ofen auf 220° Ober-/Unterhitze vorheizen. Die Teigmenge reicht für einen Blechkuchen oder einen Hefezopf; für eine Springform (24 cm Ø) benötigt man etwa 500 g Teig. Den Teig auf wenig Mehl in Blech- oder Formgröße ausrollen und mit einer Füllung bedecken oder den Teig in drei Portionen teilen und einen Dreistrangzopf daraus flechten. Vor dem Backen 15 Minuten zugedeckt gehen lassen. Im vorgeheizten Ofen (mittlere Schiene) 5 Minuten an- und bei reduzierter Hitze (200°) fertig backen.

1. Die Hefe in der lauwarmen Milch auflösen, 1 TL Zucker unterrühren und in die Mehlmulde geben

2. Mit Mehl bestäuben, abdecken und 15 Minuten an einem warmen Ort gehen lassen, bis der Vorteig Risse zeigt.

3. Die zerlassene, abgekühlte Butter mit Salz, Eiern und dem restlichen Zucker vermischen. Zum Vorteig geben.

4. Alles zu einem glatten Teig schlagen und kneten, bis er glänzt, Blasen wirft und sich vom Schüsselrand löst.

5. Die Schüssel mit einem Tuch abdecken und den Teig an einem warmen Ort gehen lassen, bis er sich etwa verdoppelt (ca. 45 Minuten bis 1 Stunde).

Salziges & Deftiges

Brot,
Baguette & Co.

Karasu Backwaren,
Hagen

*»Durch die Zugabe von etwas Butter
zum Teig – etwa das Doppelte der Salzmenge –
wird dieser geschmeidiger und lässt sich
besser formen. Auch Geschmack und
Frischhaltung gewinnen.«* **Bernd Kütscher**

Weißbrot

1. Weizenmehl mit Salz, Hefe, Zuckerrübensirup und lauwarmem Wasser in eine Schüssel geben und mit den Knethaken des Handrührgeräts oder der Küchenmaschine vermengen und 15 Min. (5 auf langsamer, 10 Min. auf mittlerer Stufe) oder von Hand zu einem Teig kneten. Den Teig mit etwas Weizenmehl bestäuben und abgedeckt bei Zimmertemperatur 1 Std. gehen lassen.

2. Den gegangenen Teig auf eine bemehlte Arbeitsfläche geben, kräftig durchkneten, halbieren und die Teigstücke zu länglichen Laiben formen. Die Laibe auf ein Blech mit Backpapier legen und abgedeckt 20 Min. bei Zimmertemperatur gehen lassen.

3. Inzwischen den Backofen auf 230° vorheizen. Die Brote mit einem Abstand von ca. 1 cm tief einschneiden, nach Belieben mit etwas Milch bestreichen und in den heißen Ofen (Mitte) schieben. Die Weißbrote für ca. 45 Min. goldbraun backen.

Zutaten

(für 2 Brote)

1 kg Weizenmehl (Type 550)
18 g Salz
6 g Hefe
30 g Zuckerrübensirup
(z.B. von Jung)
600 ml Wasser
etwas Milch zum Bestreichen

Tipp! »Um den Charakter des dunklen Bieres in diesem Brot besonders gut zur Geltung zu bringen, kann man den Obazda auch einfach weglassen.« *Bernd Kütscher*

Dunkles Weißbierbrot

1. Am Vortag für den Sauerteig das Mehl, das Dunkelbier und den Sauerteigansatz in einer Schüssel gut verrühren und abgedeckt bei Zimmertemperatur 12–14 Std. (am besten über Nacht) gehen lassen.

2. Vor dem Backen am nächsten Tag die Dinkelflocken ca. 30 Min. im Dunkelbier einweichen. Dann die Hefe in einer Schüssel in dem Wasser auflösen und mit dem vorbereiteten Sauerteig vermengen. Das Roggen- und Weizenmehl, Salz, Obazda und die eingeweichten Dinkelflocken hinzufügen und alles gut unterarbeiten. Den Teig ca. 5 Min. in der Küchenmaschine (3 Min. auf langsamer, 2 Min. auf schneller Stufe) oder von Hand durchkneten. Den Teig auf eine mit Roggenmehl bestäubte Arbeitsfläche geben und abgedeckt ca. 30 Min. bei Zimmertemperatur gehen lassen.

3. Den gegangenen Teig auf der Arbeitsfläche nochmals durchkneten und in 4 Stücke teilen. Dann die Teigstücke jeweils zu einem Fladen formen und an einer Seite vom Rand zur Mitte hin falten. Die Teigstücke etwas drehen und wieder vom Rand zur Mitte falten. Den Vorgang mehrfach wiederholen, bis die Unterseite der Teigstücke straff gerundet ist. Die auf diese Weise rund gewirkten Brotlaibe leicht mit Mehl bestäuben und abgedeckt ca. 45 Min. gehen lassen. Dann in mit Dinkelflocken ausgestreute Garkörbchen setzen und nochmals 15 Min. gehen lassen.

4. Inzwischen den Backofen auf 260° vorheizen. Eine Metallschale auf die unterste Schiene oder den Boden des Ofens stellen. Die Brote auf ein Blech mit Backpapier setzen, in den heißen Ofen (Mitte) schieben und 3 Min. backen. Danach Wasser in die erhitzte Metallschale gießen. Anschließend die Temperatur auf 210° herunterregeln und die Weißbrote in 40–45 Min. fertig backen.

Zutaten

Für den Sauerteig
250 g Weizenmehl (Type 550)
250 ml Dunkelbier
750 g Sauerteig (selbst angesetzt oder im Beutel)

Für den Hauptteig
250 g Dinkelflocken
750 ml Dunkelbier
126 g Hefe (3 Würfel)
900 ml lauwarmes Wasser
1 kg Roggenmehl (Type 997)
1 kg Weizenmehl (Type 1050)
100 g Salz
250 g Obazda

Bäckerei Regner,
Bad Gögging

Bäckerei Wippler, Dresden

Tipp!

»Für dieses rustikale Brot ist eine Steinplatte im Ofen zum Backen sehr zu empfehlen, denn dann zieht der weiche Teig im Ofen besser hoch und das Brot bekommt einen knackigen Boden.« **Jochen Baier**

Winzerbrot

1. Am Vortag für den Vorteig die Hefe in dem Wasser auflösen, mit Weizenmehl, Mais- und Weizengrieß und den Roggenflocken in eine Schüssel geben und gut verrühren. Den Vorteig abgedeckt 12–20 Std. (am besten über Nacht) bei Zimmertemperatur gehen lassen.

2. Am nächsten Tag für die Einlage den Käse würfeln und die Walnusskerne hacken. Anschließend Weizenmehl, Weizenvollkornmehl, Weizenkleie, Kartoffelflocken, Salz, Backmalz, Traubensaft, Hefe, kaltes Wasser und den Vorteig in die Schüssel der Küchenmaschine geben und zu einem glatten Teig kneten, bis er sich vom Schüsselrand löst. Am Ende der Knetzeit Käse und Nüsse (auf langsamer Stufe) unterkneten. Den Teig abgedeckt ca. 60 Min. gehen lassen.

3. Den Teig auf einer mit Weizengrieß bestreuten Arbeitsfläche in 4 Stücke teilen und diese jeweils zu Strängen rollen, wobei die Mitte etwas dicker bleibt als die Enden. Die Enden jedes Strangs zusammenfügen und jeweils gegeneinander verdrehen. Die fertig geformten Brote auf ein Blech mit Backpapier legen und abgedeckt noch weitere 30 Min. gehen lassen.

4. Inzwischen den Backofen auf 225° vorheizen. Die Brote in den heißen Ofen (Mitte) schieben, nach 10 Min. die Temperatur auf 200° herunterregeln und die Winzerbrote in ca. 30 Min. fertig backen.

Zutaten

(für 4 Stück)

Für den Vorteig
5 g Hefe
350 ml Wasser
140 g Weizenmehl (Type 550)
70 g Maisgrieß (Polenta)
70 g Weizengrieß
70 g Roggenflocken

Für den Hauptteig
350 g Weizenmehl (Type 550)
10 g Weizenvollkornmehl
10 g Weizenkleie
15 g Kartoffelflocken
15 g Salz
15 g Backmalz oder 1 EL Zuckerrübensirup
180 ml Traubensaft
15 g Hefe
20 ml kaltes Wasser
120 g Weizengrieß (für die Arbeitsfläche)

Für die Einlage
40 g Bergkäse
40 g Walnusskerne

Krimmers Backstub',
Untermünkheim

»Der Teig ist so weich, dass das Brot mit nassen Fingern aus dem Teigkessel gehoben werden muss. Daher nennt man genetzte Brote auch ausgehobene Brote. Sie bleiben besonders lange frisch.« **Bernd Kütscher**

Hohenloher Genetztes

1. Am Vortag für den Vorteig Mehl und Hefe in einer Schüssel mit dem Wasser verrühren und abgedeckt 1 Std. gehen lassen, anschließend mindestens 12 Std. (am besten über Nacht) in den Kühlschrank stellen.

2. Am nächsten Tag den Vorteig aus dem Kühlschrank nehmen, damit er Zimmertemperatur annimmt. Dann alle Zutaten außer 60 ml Wasser in eine Schüssel geben und mit den Knethaken des Handrührgeräts oder der Küchenmaschine oder von Hand zu einem Teig kneten. Nach und nach das restliche Wasser einarbeiten. Sobald sich der Teig von der Schüssel löst, ist er fertig.

3. Den fertigen Teig auf eine bemehlte Arbeitsfläche geben und abgedeckt 90 Minuten gehen lassen. Währenddessen nach 30 bzw. 60 Min. jeweils den Teig mit nassen Händen rund wirken: Dafür den Teig zu einem Fladen formen und an einer Seite vom Rand zur Mitte falten. Den Teig etwas drehen und wieder vom Rand zur Mitte falten. Den Vorgang mehrfach wiederholen, bis die Unterseite des Teigs straff gerundet ist. Den Teig die restlichen 30 Min. gehen lassen.

4. Inzwischen den Backofen auf 220° vorheizen. Den Teig mit nassen Händen leicht in Form bringen, auf ein Blech mit Backpapier legen und in den heißen Ofen (Mitte) schieben. Die Temperatur auf 200° herunterregeln und das Brot in 1 Std. fertig backen.

Zutaten

Für den Vorteig
100 g Weizenmehl (Type 550)
100 ml Wasser
2 g Hefe

Für den Brotteig
140 g Sauerteig (selbst angesetzt oder im Beutel)
360 g Weizenmehl (Type 1050)
50 g Roggenmehl (Type 1150)
10 g Hefe
300 ml Wasser

Sternenbrot

1. Am Vortag für das Quellstück Weizenvollkornschrot, Kartoffelflocken und Senfkörner in einer
Schüssel mit Wasser verrühren und abgedeckt 12 Std.
(am besten über Nacht) quellen lassen.

2. Für den Hauptteig die Hefe mit lauwarmem Wasser
in eine große Schüssel geben und verrühren. Sauerteig,
Weizenmehl, Roggenmehl, Malz oder Sirup, Salz und
Senf zugeben und mit den Knethaken des Handrührgeräts oder der Küchenmaschine ca. 15 Min. (5 Min.
auf langsamer, 10 Min. auf schneller Stufe) oder von
Hand zu einem Teig kneten. Den Teig abgedeckt ca.
3 Std. bei Zimmertemperatur gehen lassen.

3. Den gegangenen Teig auf eine bemehlte Arbeitsfläche geben, in 3 Stücke teilen und zu runden Laiben
formen, abgedeckt weitere 45 Min. gehen lassen.

4. Inzwischen den Backofen auf 230° vorheizen. Eine
Metallschüssel mit Wasser auf die unterste Schiene
oder den Boden des Backofens stellen. Die gegangenen
Laibe auf ein Blech mit Backpapier legen, mit Wei-
zenmehl bestäuben undmit einem scharfen Messer in
die Oberfläche von der Mitte aus drei geschwungene
Linien einritzen. Die Sternenbrote in den heißen Ofen
(Mitte) schieben und in ca. 45 Min. backen.

Zutaten

(für 3 Brote)

Für das Quellstück
100 g Weizenvollkornschrot
50 g Kartoffelflocken
50 g Senfkörner
300 ml Wasser

Für den Hauptteig
21 g Hefe (1/2 Würfel)
350 ml Wasser
150 g Sauerteig (selbst angesetzt
oder im Beutel)
750 g Weizenmehl (Type 550)
120 g Roggenmehl (Type 1370)
15 g Backmalz (ersatzweise
Zuckerrübensirup)
25 g Salz
50 g Senf

Bäckerei & Konditorei Mohr,
Frechen-Königsdorf

DRK-Spezialbrot

1. Weizenvollkornmehl, Weizenmehl, Roggenmehl, Salz, Sauerteig, Hefe und Wasser in die Schüssel der Küchenmaschine geben und 10 Min. (auf mittlerer Stufe) zu einem Teig kneten. Zum Ende der Knetzeit Sonnenblumenkerne und Haselnüsse unterkneten. Den Teig abgedeckt ca. 3 Std. gehen lassen.

2. Inzwischen für das Brühstück das Wasser in einem Topf zum Kochen bringen. Hirse und Linsen zugeben, unter Rühren aufkochen, dann auskühlen lassen. Das Brühstück zum Hauptteig geben und 10 Min. durchkneten. Den Brotteig abgedeckt 45 Min. gehen lassen.

3. Haferflocken und Sesam mischen. Den Teig auf einer bemehlten Arbeitsfläche je nach Größe der Backformen in 4–6 Stücke teilen, in Form bringen und in der Sesam-Mischung wälzen. Die Brote in die gemehlten Backformen setzen, abgedeckt 45 Min. gehen lassen.

4. Den Backofen auf 250° vorheizen. Eine Metallschale auf die unterste Schiene des Backofens stellen. Die Brote in den heißen Ofen (Mitte) schieben, dabei Wasser in die Schale gießen und die Brote 15 Min. backen. Dann die Temperatur des Ofens auf 220° herunterregeln. Nach 15 Min. die Temperatur auf 200° herunterregeln. Die Schale mit Wasser entfernen. Mit einem scharfen Messer das „DRK-Muster" in die Oberfläche ritzen und die Spezialbrote in ca. 30 Min. fertig backen.

Zutaten

Für den Hauptteig
500 g Weizenvollkornmehl
100 g Weizenmehl (Type 550)
500 g Roggenmehl (Type 1370)
40 g Salz
400 g Sauerteig (selbst zubereitet oder aus dem Reformhaus)
42 g Hefe (1 Würfel)
750 ml Wasser
100 g Sonnenblumenkerne
100 g geröstete, grob gehackte Haselnüsse

Für das Brühstück
400 ml Wasser
100 g Hirse
100 g gelbe Linsen

Zum Bestreuen
4 EL Haferflocken
2 EL Sesamsamen

Herringhauser Holzofenbäckerei
schnarre, Herford

Tipp!

*Damit Körner, Schrot, Flocken oder Saaten
dem Brot kein Wasser entziehen und es
zu fest machen, lässt man sie vor dem Backen
entweder in kaltem Wasser (Quellstück)
oder in heißem Wasser (Brühstück) quellen.*

Mehrkornbrot

1. Am Vortag Roggenschrot und Wasser für den Vorteig mit dem Sauerteig mischen und abgedeckt 16 Std. (über Nacht) bei Zimmertemperatur gehen lassen.

2. Für das Quellstück Hafer-, Gerstenflocken und Kürbiskerne in einer Schüssel mit dem Wasser übergießen und ca. 2 Std. darin einweichen. Für die Einlage die Walnusskerne grob hacken und ca. 2 Std. einweichen.

3. Am nächsten Tag für den Hauptteig die Hefe in einer Schüssel im Wasser auflösen und mit dem Sauerteig mischen. Roggenmehl, Weizenmehl zugeben und mit den Knethaken des Handrührgeräts oder der Küchenmaschine 8–10 Min. (4 Min. auf langsamer, 4 Min. auf schneller Stufe) zu einem Teig kneten. Zum Ende der Knetzeit das Quellstück und die Einlage unterkneten.

4. Den Teig auf eine bemehlte Arbeitsfläche geben, halbieren und zwei Brotlaibe formen. Die Brote in Sesamsamen wälzen und auf ein Blech mit Backpapier oder in eine Kastenform legen. Abgedeckt ca. 45 Min. gehen lassen, nach 30 Min. Ruhezeit die Brote jeweils mittig einschneiden.

5. Inzwischen den Backofen auf 240° vorheizen. Die Brote in den heißen Ofen (Mitte) schieben und 60–70 Min. backen. Nach 15 Min. die Temperatur des Ofens auf 220° herunterregeln und die Brote fertig backen.

Zutaten

(für 2 Stück à 850 g)

Für den Vorteig
200 g grober Roggenschrot
200 ml Wasser
40 g Sauerteig (selbst angesetzt oder
im Beutel)

Für das Quellstück
40 g kernige Haferflocken
40 g Gerstenflocken
40 g geröstete Kürbiskerne
160 ml kaltes Wasser

Für die Einlage
200 g Walnusskerne
240 ml Wasser

Für den Hauptteig
14 g Hefe
240 ml Wasser
200 g Roggenmehl (Type 1150)
320 g Weizenmehl (Type 550)
22 g Salz
200 g Walnusskerne
40 g Sesamsamen

Bäcker Schlüter,
Heikendorf

Tipp!

*Wer keinen Gärkorb
hat, setzt den Teig einfach in eine
mit Roggenmehl bestreute
Schüssel, die dem Teig ausreichend
Platz zum Quellen bietet.*

Seefahrer-Mischbrot

1. Roggenmehl, Weizenmehl, Sauerteig, Wasser, Hefe und Salz in eine Schüssel geben und mit den Knethaken des Handrührgeräts oder der Küchenmaschine ca. 13 Min. (3 Min. auf langsamer, 10 Min. auf schneller Stufe) zu einem weichen Teig kneten. Den Teig abgedeckt ca. 4 Std. bei Zimmertemperatur gehen lassen, bis sich sein Volumen verdoppelt hat.

2. Den gegangenen Teig durchkneten, halbieren und in drei mit Roggenmehl ausgeriebene Brotgärkörbe setzen und weitere 90 Min. gehen lassen.

3. Inzwischen den Backofen auf 250° vorheizen, dabei ein mit Wasser benetztes Blech mit erhitzen. Die Brote aus den Gärkörben nehmen, auf ein Blech mit Backpapier setzen und in den heißen Ofen (Mitte) schieben. Nach ca. 10 Min. Backzeit die Temperatur des Ofens auf 210° herunterregeln und die Brote in ca. 40 Min. fertig backen.

Zutaten

(für 3 Brote à 800 g)

1 kg Roggenmehl (Type 1150)
1 kg Weizenmehl Type 550)
300 g Sauerteig (selbst angesetzt oder im Beutel)
1,2 l Wasser
42 g Hefe
30 g Salz

Bäckerei Dwenger,
Pinneberg

Tipp!

*Für den Hauptteig kann man
anstelle von 400 g Dinkelmehl auch
nur 300 g nehmen und dafür
zusätzlich 100 g Lupinenmehl.*

Lupinenbrot

1. Am Vortag für das Kochstück in einer Schüssel die Lupinen (über Nacht) in dem Wasser einweichen. Für den Vorteig die Hefe im Wasser auflösen und mit dem Dinkelvollkornmehl in einer Schüssel mischen, abgedeckt bei Zimmertemperatur reifen lassen.

2. Am nächsten Tag die eingeweichten Lupinen in einen Topf geben und ca. 1 Std. weich kochen. Für das Brühstück die Sonnenblumenkerne und die Leinsamen mit dem erhitzten Wasser übergießen und ca. 2 Std. einweichen.

3. Für den Hauptteig den Vorteig mit Dinkelmehl, Sauerteigextrakt, Salz, Hefe, Honig, Öl und Wasser in eine Schüssel geben und mit den Knethaken des Handrührgeräts oder der Küchenmaschine oder von Hand ca. 10 Min. zu einem Teig kneten. Zum Ende der Knetzeit Brühstück und Lupinen unterkneten. Den Teig abgedeckt ca. 45 Min. bei Zimmertemperatur gehen lassen.

4. Den Backofen auf 250° vorheizen. Den gegangenen Teig auf einer bemehlten Arbeitsfläche in 4 Stücke teilen, jeweils mit Wasser einstreichen, in den Sonnenblumenkernen wälzen und in 4 bemehlte kleine Kastenformen geben. Die Formen auf ein Backblech setzen und in den heißen Ofen (Mitte) schieben. Nach 15 Min. die Temperatur auf 200° herunterregeln und die Lupinenbrote in 35 Min. fertig backen.

Zutaten

(für 4 Brote à 400 g)

Für das Kochstück
120 g weiße Lupinen
480 ml Wasser

Für den Vorteig
200 g Dinkelvollkornmehl
200 g Wasser
8 g Hefe

Für das Brühstück
50 g Sonnenblumenkerne
50 g Leinsamen
80 ml Wasser

Für den Hauptteig
400 g Dinkelmehl (Type 630)
1 Päckchen Dinkelsauerteigextrakt (30 g)
20 g Salz
21 g Hefe (1/2 Würfel)
20 g Honig
15 ml Speiseöl
65 ml Wasser
100 g Sonnenblumenkerne

Kunstbäckerei Hensler, Limburg

Tipp!

»Da die Basis ein klassisches Roggenmischbrot ist, kann man es je nach Vorliebe mit bayerischem Brotgewürz, Kümmel oder gerösteten Zwiebeln aromatisieren.« *Jochen Baier*

Limburger Gewürzbrot

1. Alle Zutaten in eine Schüssel geben und mit den Knethaken des Handrührgeräts oder der Küchenmaschine (auf mittlerer Stufe) so lange zu einem Teig kneten, bis dieser sich vom Schüsselrand löst. Falls der Teig etwas zu weich ist, noch etwas Mehl zugeben.

2. Den Backofen auf 40° vorheizen. Eine Brotbackform mit etwas Mehl bestäuben, den Teig in die Form geben und in den angewärmten Ofen (Mitte) schieben. Sobald sich das Volumen des Teigs verdoppelt hat, die Backform herausnehmen.

3. Die Temperatur des Backofens auf 180° heraufregeln, dabei eine Metallschale auf die unterste Schiene oder den Boden des Ofens stellen. Nach dem Erreichen der Temperatur den gegangenen Teig in der Form in den heißen Ofen (Mitte) schieben, dabei eine Tasse Wasser äußerst vorsichtig und rasch in die erhitzte Metallschale gießen. Achtung: Der gegangene Teig könnte in sich zusammenfallen, falls die Ofentür zu heftig zugeschlagen wird! Das Gewürzbrot in ca. 1 Std. unter Dampf fertig backen.

Zutaten

500 ml Wasser
750 g Weizenmehl (Type 550)
250 g Roggenmehl (Type 1370)
18 g Salz
25 g Hefe
70 g Sauerteig vom Bäcker (oder im Beutel)
1 EL Kardamompulver
1 EL Anissamen
1 EL Fenchelsamen
1 EL getrockneter Koriander
1 EL getrockneter Oregano
1 EL getrocknetes Basilikum
1 EL getrockneter Thymian
1 EL getrockneter Rosmarin
4 EL Pflanzenöl

Dinkelstück

1. Am Vortag für den Vorteig Dinkelschrot, Wasser und Fermentansatz (Backferment) in einer Schüssel verrühren und abgedeckt bei Zimmertemperatur 12–14 Std. gehen lassen. Die Temperatur des Vorteigs sollte bei der Zubereitung 30–35° betragen.

2. Ebenfalls am Vortag für das Brühstück in einem Topf das Wasser zum Kochen bringen und den Dinkelschrot unterrühren, bis eine homogene Masse entsteht. Den Topf vom Herd nehmen und die Dinkelmasse 6–18 Std. auf Zimmertemperatur abkühlen lassen.

3. Dinkelmehl, Salz, Wasser, Vorteig und Brühstück in eine Schüssel geben und mit den Knethaken des Handrührgeräts oder der Küchenmaschine mindestens 5 Min. oder von Hand zu einem weichen Teig kneten. Den fertigen Teig abgedeckt ca. 20 Min. bei Zimmertemperatur gehen lassen.

4. Die Sesamsamen auf einen Teller oder die Arbeitsfläche geben, den gegangenen Teig darin wälzen und in eine Brotbackform geben, abgedeckt weitere 80–120 Min. in der Form gehen lassen, bis der Teig leichte Risse an der Oberfläche zeigt.

5. Inzwischen den Backofen auf 250° vorheizen. Wasser zum Kochen bringen und in eine Metallschale gießen. Das Brot in den heißen Ofen (Mitte) schieben, dabei die Wasserschale auf die unterste Schiene oder den Boden des Ofens stellen. Nach 10 Min. die Temperatur auf 200° herunterregeln und die Schale entfernen. Das Brot in 40–50 Min. fertig backen. Das Dinkelstück aus dem Ofen nehmen, sofort aus der Form stürzen und abkühlen lassen. Für ein süßes Frühstücksbrot einfach 200 g Trockenfrüchte nach Belieben klein schneiden und unter den Hauptteig kneten.

Zutaten

Für den Vorteig
125 g grober Dinkelvollkornschrot
125 ml Wasser (34–36°)
20 g Fermentansatz (Backferment aus dem Reformhaus)

Für das Brühstück
100 g grober Dinkelvollkornschrot
175 ml kochendes Wasser

Für den Hauptteig
200 g Dinkelvollkornmehl
15 g Salz
50 ml Wasser
3 EL Sesamsamen

Zeit für Brot, Frankfurt

Bäckerei Konditorei Arno Simon, Löhne

Tipp!

»Die westfälischen Bäcker backen Pumpernickel traditionell, um die Restwärme des Ofens zu nutzen – eine Frühform der Nachhaltigkeit. 16 bis 24 Stunden Backzeit sind natürlich nicht einfach, doch jede Mühe wert.« **Johann Lafer**

Westfälischer Pumpernickel

1. Den Roggenschrot und die Brösel (oder grober Schrot) mit dem Sauerteig, Wasser und Salz in eine Schüssel geben, vermengen und mit den Knethaken des Handrührgeräts oder der Küchenmaschine ca. 25 Min. zu einem Teig kneten. Den Teig abgedeckt 45–60 Min. bei Zimmertemperatur gehen lassen.

2. Inzwischen den Backofen auf 165° vorheizen. Wasser in ein Blech mit hohem Rand gießen. Den gegangenen Teig in eine bemehlte Brotbackform geben und auf das Blech mit Wasser setzen. Das Blech in den heißen Ofen (Mitte) schieben und den Pumpernickel in ca. 24 Std. backen. Dabei die Temperatur des Ofens nach ca. 1 Std. auf 100° herunterregeln.

3. Den Pumpernickel aus dem Ofen nehmen, etwas auskühlen lassen und vorsichtig aus der Form stürzen.

Zutaten

1 kg mittlerer Bio-Roggenschrot
(am besten selbst frisch schroten oder
schroten lassen)
50 g Vollkornbrösel, grober Roggenschrot
oder alter übrig gebliebener
Pumpernickel
50 g fertiger Sauerteig (selbst angesetzt
oder aus dem Beutel)
900 ml Wasser
20 g Salz

Wümme-Bäckerei,
Fischerhude

*Quetschroggen erhält man am
besten im Bäckerei-Fachhandel. Man
kann auch in Wasser eingeweichte
Roggenkörner unter Frischhaltefolie
mit dem Nudelholz »quetschen«.*

Fischerhuder Schwarzbrot

1. Am Vortag für den Vorteig den Roggenschrot, den Quetschroggen, Salz, Ferment und heißes Wasser gut verrühren und abgedeckt bei Zimmertemperatur 12–14 Std. (oder über Nacht) reifen lassen.

2. Am nächsten Tag für den Hauptteig die Hefe in Wasser auflösen und mit dem Vorteig in eine Schüssel geben und mit den Knethaken des Handrührgeräts oder der Küchenmaschine mischen. Roggenschrot, Back- und Roggenmalz zugeben und alles ca. 10 Min. (4 Min. auf langsamer, 6 Min. auf schneller Stufe) oder von Hand zu einem Teig kneten.

3. Den fertigen Teig auf eine bemehlte Arbeitsfläche geben und abgedeckt 30 Min. bei Zimmertemperatur gehen lassen. Zwischendurch zwei- bis dreimal gründlich durchkneten. Den Teig halbieren und zu 2 ovalen Laiben formen. Auf ein Blech mit Backpapier setzen und weitere 40 Min. abgedeckt gehen lassen.

4. Inzwischen den Backofen auf 240° vorheizen, dabei ein mit Wasser benetztes Blech mit erhitzen. Sobald die Temperatur erreicht ist, das Blech herausnehmen, die Brotlaibe in den heißen Ofen (Mitte) schieben und 10 Min. anbacken. Danach die Temperatur auf 210° herunterregeln und die Schwarzbrote in ca. 35 Min. fertig backen.

Zutaten

(für 2 Brote à 850 g)

Für den Vorteig
170 g grober Roggenschrot (Type 1800)
280 g Quetschroggen (siehe Tipp)
20 g Salz
520 g Ferment-Sauer (oder Natursauerteig im Beutel)
400 ml heißes Wasser

Für den Hauptteig
5 g Hefe
125 ml Wasser
450 g feiner Roggenschrot
30 g Backmalz
45 g Roggenmalz

Bäckerei Fischer,
Groß Kreutz

Fischers 100%iger

1. Für das Quellstück am Vortag den Roggenschrot mit dem Wasser und dem Salz in einer Schüssel verrühren und abgedeckt bei Zimmertemperatur 12 Std. (oder über Nacht) stehen lassen.

2. Für den Hauptteig am nächsten Tag das Quellstück mit der Hefe, dem Roggensauerteig und dem Roggenmehl in eine Schüssel geben und mit den Knethaken des Handrührgeräts oder der Küchenmaschine zu einem weichen Teig kneten. Den Teig in eine bemehlte Kastenform geben und abgedeckt bei Zimmertemperatur ca. 45 Min. gehen lassen.

3. Inzwischen den Backofen auf 240° vorheizen. Eine kleine Metallschüssel auf die unterste Schiene oder den Boden des Ofens stellen. Das Brot in den heißen Ofen (Mitte) schieben, dabei 1 Tasse Wasser in die erhitzte Metallschüssel gießen. Die Temperatur des Ofens auf 200° herunterregeln und das Brot in 70 Min. fertig backen.

Zutaten

(für 2 Brote)

Für das Quellstück
350 g mittlerer Roggenschrot
350 ml Wasser
18 g Salz

Für den Hauptteig
21 g Hefe (1/2 Würfel)
350 g Roggensauerteig (selbst angesetzt oder im Beutel)
45 g Roggenmehl (Type 1370)

Bäckerei Küper, Recklinghausen

Bauernschwarzbrot

1. Die Buttermilch in einem Topf kurz erwärmen, bis sie handwarm ist. Die Hefe dazubröckeln und verrühren. Weizenmehl, Roggenschrot, Weizenvollkornmehl Sesamsamen, Leinsamen, Sonnenblumenkerne, Salz, Zucker und Rübensirup in eine große Schüssel geben und in der Küchenmaschine oder von Hand ca. 10 Min zu einem sehr weichen Teig kneten. Den Teig abgedeckt mindestens 45 Min. bei Zimmertemperatur gehen lassen.

2. Den Backofen auf 200° (Ober-/Unterhitze) vorheizen. Den gegangenen Teig in eine gut gefettete Brotkastenform (1,5 kg Inhalt) geben, glatt streichen und weitere 15 Min. gehen lassen. Anschließend die Form in den heißen Ofen (Mitte) schieben und das Brot in ca. 30 Min. backen.

3. Das Bauernschwarzbrot nach dem Backen vorsichtig auf ein Kuchengitter stürzen und auskühlen lassen.

Zutaten

42 g Hefe (1 Würfel)
500 g Buttermilch
250 g Weizenmehl (Type 550)
125 g feiner Roggenschrot
125 g Weizenvollkornmehl
70 g Sesamsamen
70 g Leinsamen
60 g Sonnenblumenkerne
20 g Salz
2 Prisen Zucker
200 g Zuckerrübensirup

Bäckerei Konditorei Café Renz,
Weil der Stadt

Tipp!

*»Fladenbrot war die früheste Entwicklungs-
stufe des Brotes und ist auch heute noch
die weltweit am meisten verbreitete Form.
Schwarzkümmel statt Sesam erzeugt hier
eine eigene Note.«* **Bernd Kütscher**

Schwäbisches Fladenbrot

1. Am Vortag Mehl, Wasser, Sauerteig, Salz und Hefe in eine Knetschüssel geben und in der Küchenmaschine (auf schneller Stufe) oder von Hand zu einem Teig kneten, bis dieser sich vom Schüsselrand löst. Anschließend eine größere Schüssel mit Olivenöl ausstreichen, den Teig hineingeben und abgedeckt für 20 Std. in den Kühlschrank (6°+) stellen.

2. Am nächsten Tag den Teig aus der Schüssel nehmen, zu einer Kugel formen und auf ein Blech mit Backpapier geben. Mit Mehl dünn bestäuben und mit Frischhaltefolie abdeckt 2,5 Std. bei Zimmertemperatur gehen lassen. Nach Bedarf die Oberfläche des Teigs erneut bestäuben, damit die Folie nicht am Teig kleben bleibt.

3. Inzwischen den Backofen auf 220° (Umluft) vorheizen, dabei ein mit Wasser benetztes Blech oder eine mit ca. 500 ml Wasser gefüllte Metallschüssel mit erhitzen (während des Backvorgangs nicht herausnehmen!). Das Ei verquirlen und den gegangenen Teig damit bestreichen. Mit nassen Fingern senkrechte und waagrechte Kerben in den Teig bis auf den Boden des Blechs drücken. Anschließend das Fladenbrot gleichmäßig mit Sesam bestreuen, in den heißen Ofen (Mitte) schieben und ca. 18 Min. backen.

Zutaten

280 g Weizenmehl (Type 550)
200 ml sehr kaltes Wasser
15 g Sauerteig (selbst angesetzt oder
im Beutel)
1 TL Salz
3 g Hefe
Olivenöl zum Ausstreichen der Schüssel
1 Ei
1 TL Sesamsamen zum Bestreuen
etwas Mehl zum Bestäuben

Tipp!

»Die Fougasse wird schön saftig und knackig, wenn sie kurz und sehr heiß, am besten auf einer Steinplatte, gebacken wird. Den Bärlauch kann man auch durch Rosmarin ersetzen.« **Jochen Baier**

Bärlauch-Fougasse

1. Am Vortag die Mehle mit dem Wasser in eine Schüssel geben und mit den Knethaken des Handrührgeräts oder der Küchenmaschine 13 Min. (8 Min. auf langsamer, 5 Min. auf schneller Stufe) oder von Hand zu einem Teig kneten. Währenddessen Hefe und Salz und am Ende der Knetzeit das Pesto zugeben. Zuletzt den Teig 5 Min. (auf schneller Stufe) durchkneten. Die Teigtemperatur sollte dabei ca. 22–23° betragen. Den fertigen Teig in eine geölte Form geben und abgedeckt 24 Std. in den Kühlschrank stellen.

2. Am nächsten Tag in einer kleinen Schüssel Meersalz mit Kräutern der Provence und 2 EL Weizenvollkornmehl mischen. Den gekühlten Bärlauchteig auf eine bemehlte Arbeitsfläche geben und den Teig halbieren. Die beiden Teigstücke abgedeckt kurz gehen lassen, dann zu jeweils leicht abgerundeten flachen Rechtecken formen. Anschließend mit Olivenöl bestreichen und mit der Mehl-Kräuter-Salz-Mischung bestreuen. Die Oberflächen der Teigstücke mit dem Messer tief einritzen und so auseinanderziehen, bis die Teigstücke wie ein großes Blatt oder ein Floß aussehen.

3. Die Fleischtomaten in ca. 5 cm dicke Scheiben schneiden und die Scheiben mit etwas Abstand in den Teig drücken. Die beiden Fladenbrote am besten auf einen Pizzastein (oder auf ein Blech mit Backpapier) setzen und ca. 10 Min. gehen lassen.

4. Inzwischen den Backofen auf 250° vorheizen. Ein mit Wasser benetztes Blech mit erhitzen. Den Pizzastein oder das Blech in den Ofen (Mitte) schieben und, falls möglich, die Temperatur des Ofens auf 280° heraufregeln. Die Fougasse in ca. 25 Min. außen knusprig und innen saftig backen.

Zutaten

(für 2 Stück)

450 g Weizenmehl (Type 550)
200 g Weizenvollkornmehl
10 g Hefe
450 ml kaltes Wasser
20 g Meersalz (für den Teig)
80 g Bärlauchpesto
4 EL Olivenöl
1 EL grobes Meersalz (zum Bestreuen)
1 EL Kräuter der Provence, getrocknet
2 EL Weizenvollkornmehl
300 g Fleischtomaten

„Rockenbäcker",
Rockenberg

Bäckerei Tackmann,
Boostedt

Tipp!

*Klein gewürfelte
schwarze oder grüne Oliven
passen ebenfalls sehr
gut in diesen Brotteig.*

Großer Grieche

1. Die Paprika waschen, entkernen und in kleine Würfel schneiden.

2. Für den Teig die Hefe in einer Schüssel im lauwarmen Wasser auflösen. Mehl, Zucker, Salz und Öl zugeben und alles gut unterarbeiten. Den Teig mit den Knethaken des Handrührgeräts oder der Küchenmaschine 6–8 Min. (3 Min. auf langsamer, 3 Min. auf schneller Stufe) oder von Hand durchkneten. Erst zum Schluss die Paprikawürfel, die Kräuter und den Bärlauch zugeben und unterkneten. Den fertigen Teig auf eine bemehlte Arbeitsfläche geben und abgedeckt bei Zimmertemperatur ca. 2 Std. gehen lassen.

3. Inzwischen den Hirtenkäse in kleine Würfel schneiden und den Backofen auf 200° vorheizen.

4. Den gegangenen Teig in 10 gleich große längliche Stücke teilen und jeweils etwas flach drücken. Auf jedem Teigstück ca. 20 g Hirtenkäse verteilen, den Teig zusammenklappen und die Brote mit etwas Grieß bestreuen. Auf ein Blech mit Backpapier setzen, in den heißen Ofen (Mitte) schieben und die Griechen-Brote in 15–20 Min. backen.

Zutaten

(für 10 Stück)

1/3 Paprika (ca. 50 g)
8 g Hefe
340 ml Wasser
610 g Weizenmehl (Type 550)
10 g Zucker
10 g Salz
60 ml Speiseöl
5 g Kräuter der Provence
5 g Bärlauch (getrocknet)
200 g Hirtenkäse
Weizengrieß zum Bestreuen

Trollinger-Baguette

1. Zwei bis drei Tage vor dem Backen für den Vorteig Mehl, Hefe und Wein in einer hohen Schüssel glatt rühren, mit Frischhaltefolie abdecken und für ca. 5 Std. bei Zimmertemperatur gehen lassen. Danach bis zum nächsten Tag in den Kühlschrank stellen.

2. Ein bis zwei Tage vor dem Backen für den Hauptteig alle Zutaten bis auf das Salz und den Hartweizengrieß in eine Schüssel geben und mit den Knethaken des Handrührgeräts oder der Küchenmaschine 8–10 Min. oder von Hand zu einem glatten Teig kneten. Erst zum Ende der Knetzeit das Salz zugeben und gut unterarbeiten, dadurch wird der Brotteig stabil. Den fertigen Teig abgedeckt mindestens 2 Std. gehen lassen (oder über Nacht in den Kühlschrank stellen).

3. Am Backtag den gegangenen Teig in Stücke à 250 g abwiegen, vorsichtig zusammenlegen oder rund wirken, und zwar wie folgt: Den Teig flach drücken und vom Rand zur Mitte falten, etwas drehen und wieder vom Rand zur Mittel falten. Den Vorgang mehrmals wiederholen. Dann die Teiglinge kurz gehen lassen. Anschließend zu kleinen Baguettes rollen und mit Teigschluss unten auf ein mit Hartweizengrieß bestäubtes Küchentuch legen. Die Baguettes auf ein Blech mit Backpapier setzen und abgedeckt für ca. 20 Min. in den Kühlschrank stellen.

4. Inzwischen den Backofen auf 240° vorheizen, dabei eine Metallschale auf die unterste Schiene oder den Boden des Backofens stellen. Das Blech mit den Baguette aus dem Kühlschrank nehmen, die Baguette einschneiden und in den heißen Ofen (Mitte) schieben, dabei eine Tasse Wasser in die Metallschale gießen. Die Baguette in ca. 25 Min. backen. 5 Min. vor Ende der Backzeit die Ofentür (wenn möglich) einen Spalt weit öffnen und die Baguette mit geöffneter Ofentür fertig backen. Je nach gewünschter Backfarbe der Baguettes die Temperatur des Ofens zum Ende der Backzeit auf 180° herunterregeln.

Zutaten

Für den Vorteig
330 g Weizenmehl (Type 550)
5 g Hefe
330 ml Trollinger (Rotwein)

Für den Hauptteig
665 g Vorteig
670 g Weizenmehl (Type 550)
23 g Salz
42 g Hefe (1 Würfel)
25 g Honig
360 ml Trollinger (Rotwein)
etwas Hartweizengrieß

Bäckerei Hirth, Bad Friedrichshall

Tipp! »Statt eines Trollinger-Rotweins aus Baden Württemberg eignen sich auch andere trockene Rotweine. Wem hier Aroma und Farbgebung zu intensiv sind, kann ein Drittel des Weins durch Wasser ersetzen.« **Johann Lafer**

Holzofenbäckerei Ripken,
Augustfehn

Tipp!

*Damit der Teig nicht austrocknet oder rissig
wird, sollte man ihn während der
Ruhezeit mit einem sauberen Baumwoll- oder
Leinentuch abdecken. Frischhaltefolie
würde den Teig feucht und klebrig machen.*

Toskanaring

1. Für die Tomatenpaste alle Zutaten in einer kleinen
Schüssel mischen. Für das Toskanagewürz alle Zutaten in einen kleinen Mörser geben und kurz zerstoßen.

2. Für den Baguetteteig das Mehl mit Sauerteig, Backferment, Hefe, Salz und Wasser in eine Schüssel geben
und mit den Knethaken des Handrührgeräts oder der
Küchenmaschine 12 Min. (8 Min. auf langsamer, 4 Min.
auf schneller Stufe) zu einem Teig kneten. Zum Ende
der Knetzeit die Tomatenpaste zugeben und unterkneten. Den Teig mit etwas Mehl bestäuben und abgedeckt
bei Zimmertemperatur ca. 1 Std. gehen lassen.

3. Inzwischen den Backofen auf 210° vorheizen. Den
gegangenen Teig auf einer bemehlten Arbeitsfläche erneut durchkneten und halbieren, zu 2 Strängen rollen
und jeweils zu einem Ring formen.

4. Die Brotringe auf ein Blech mit Backpapier legen,
mit Wasser einstreichen und mit dem Toskanagewürz
bestreuen. In den heißen Ofen (Mitte) schieben und die
Toskanaringe in ca. 45 Min. backen.

Zutaten

(für 2 Stück)

Für die Tomatenpaste
45 g Tomatenmark
2 TL Tomatenflocken
1 TL Paprikaflocken
1 TL Zucker
1/2 TL Meersalz
1 frisch gepresste Knoblauchzehe
je 1 Prise weißer Pfeffer, getrockneter
Thymian, getrockneter Rosmarin,
getrocknetes Basilikum, getrockneter
Salbei

Für das Toskanagewürz
1 TL weißer Pfeffer
je 2 TL getrockneter Thymian,
getrockneter Rosmarin,
getrockneter Salbei

Für den Baguetteteig
500 g Weizenmehl (Type 550)
10 g Backferment, 75 g Hefe
10 g Meersalz
50 g Natursauerteig (selbst angesetzt
oder im Beutel), 350 ml Wasser

Boulangerie Patisserie Carlos P.,
Jena

Walnuss-Baguette

1. Für den Vorteig in einer Schüssel die Hefe in dem angewärmten Wasser auflösen. Das Mehl und das Salz unterarbeiten und den Teig abgedeckt ca. 4 Std. bei Zimmertemperatur gehen lassen.

2. Für den Hauptteig das Mehl in eine Schüssel geben, mit dem Wasser mischen und ca. 15 Min. gehen lassen. Dann den Vorteig, Salz, Hefe, Malz und Walnusskerne zugeben und mit den Knethaken des Handrührgeräts oder der Küchenmaschine 10 Min. (3 Min. auf langsamer, 5–7 Min. auf schneller Stufe) oder von Hand zu einem Teig kneten. Den Teig in der Schüssel abgedeckt ca. 30 Min. bei Zimmertemperatur gehen lassen.

3. Den gegangenen Teig in 10 Stücke teilen und auf ein bemehltes Küchentuch geben. Weitere 30 Min. bei Zimmertemperatur gehen lassen. Aus den Teigstücken Baguette formen, auf ein Blech mit Backpapier legen und weitere 40–60 Min. gehen lassen.

4. Den Backofen auf 245° vorheizen, dabei eine Metallschale auf die unterste Schiene oder den Boden des Ofens stellen. Vor dem Backen die Baguettes jeweils mit dem Messer längs einritzen. In den heißen Ofen (Mitte) schieben, dabei kaltes Wasser in die heiße Metallschale gießen und die Ofentür sofort schließen. Die Walnuss-Baguettes in 15–20 Min. fertig backen.

Zutaten

Für den Vorteig
280 g Weizenmehl (Type 550)
190 ml Wasser (22°)
6 g Salz
6 g Hefe

Für den Hauptteig
2 kg Weizenmehl (Type 550)
1,3 l Wasser (22°)
40 g Salz
42 g Hefe (1 Würfel)
4 g Malz oder 15 g Zucker
450 g gehackte Walnusskerne

»Ein sehr schmackhaftes Baguette mit eigener Note. Aufgeschnitten, mit Tomatenscheiben belegt und mit geriebenem Mozzarella überbacken, ist es eine tolle Alternative zur Pizza.« **Bernd Kütscher**

Rosmarin-Thymian-Baguette

1. Zwei Tage vor dem Backen die Rosmarinnadeln abzupfen und mit den Thymianzweigen klein hacken. In eine Schüssel geben, das Olivenöl darüberträufeln und abgedeckt in den Kühlschrank stellen.

2. Am Vortag alle Zutaten bis auf den Schafskäse in eine Schüssel geben und mit den Knethaken des Handrührgeräts oder der Küchenmaschine 8–10 Min. (auf schneller Stufe) oder von Hand gründlich zu einem Teig kneten. Den Teig in eine größere Schüssel umsetzen (wird mindestens doppelt so groß) und ca. 24 Std. abgedeckt im Kühlschrank gehen lassen.

3. Den Teig aus dem Kühlschrank nehmen und in 2 gleich große Stücke teilen. Die Teigstücke jeweils mit etwas Mehl (am besten Roggenmehl) auf einer bemehlten Arbeitsfläche zu Rechtecken formen und flach drücken. Den Schafskäse klein würfeln und jeweils mittig auf den Teigstücken verteilen. Den Teig über dem Schafskäse zusammenklappen und auf die gewünschte Baguette-Länge rollen. Die Baguette leicht in Roggenmehl oder Hartweizengieß wenden und auf ein Blech mit Backpapier legen. Abgedeckt ca. 30. Min. gehen lassen. Vor dem Backen der Länge nach ca. 0,5 cm tief einschneiden.

4. Inzwischen den Backofen auf 200° vorheizen. Die Rosmarin-Thymian-Baguettes in den heißen Ofen (Mitte, am besten Umluft) schieben und in ca. 25 Min. backen. Sollte das Baguette schon nach 15 Minuten eine goldbraune Farbe haben, die Temperatur auf 180° oder 160° Grad herunterregeln.

Zutaten

1 Zweig Rosmarin
2 Zweige Thymian
40 ml Olivenöl
300 g Weizenmehl (Type (550)
50 g Weizenmehl (Type 1050)
5 g Hefe
8 g Salz
10 g Backmalz
250 ml kaltes (!) Wasser
60 g Schafskäse oder Fetakäse
etwas Roggenmehl oder Hartweizengrieß

Bäckerei Café Kuttenreich, Ingolstadt

Passader Backhaus,
Passade

Tipp!

Das Besondere an diesen Semmeln ist ihre feste, salzig-fettige Kruste. Denn die Teiglinge werden vor dem Backen in einem speziellen Butter-Schmalz-Gemisch »aufgescheuert«, wie es fachmännisch heißt.

Kieler Semmeln

1. Am Vortag für das sogenannte Kieler Fett in einer Schüssel Butter, Schmalz und Salz gründlich verkneten und über Nacht in den Kühlschrank stellen.

2. Am nächsten Tag das Kieler Fett aus dem Kühlschrank nehmen, auf die Arbeitsfläche geben und leicht flach drücken. Für den Teig Mehl, Zucker, Butter, Hefe, Salz und kaltes Wasser in eine Schüssel geben und mit den Knethaken des Handrührgeräts oder der Küchenmaschine 8 Min. (2 Min. auf langsamer, 6 Min. auf schneller Stufe) oder von Hand zu einem weichen Teig kneten.

3. Den Teig in 15 Stücke teilen und zu runden Teigkugeln formen. Nacheinander jede Teigkugel in das Kieler Fett drücken und durch Hin- und Herschieben der Teigkugel etwas Fett in die Oberseite einarbeiten. Die fertigen Teiglinge mit der fettigen Seite nach oben auf ein Blech mit Backpapier setzen und abgedeckt ca. 40 Min. gehen lassen.

4. Inzwischen den Backofen auf 210° vorheizen und eine Schale auf der untersten Schiene mit erhitzen. Das Blech in den heißen Ofen (Mitte) schieben, vorsichtig Wasser in die Schale gießen und die Semmeln 12 Min. backen. Danach, wenn möglich, die Backofentür ein Stück weit öffnen und die Kieler Semmeln in 5–6 Min. goldbraun backen.

Zutaten

(für 15 Stück)

Für das Kieler Fett
250 g Butter
250 g Schweineschmalz
25 g Meersalz

Für den Teig
600 g Weizenmehl (Type 550)
30 Rohrohrzucker
30 g Butter oder Margarine
25 g Hefe
10 g Meersalz
330 ml kaltes Wasser (10°)

Bäckerei Abele,
Lingenfeld

Bagels *im Körnermantel*

1. Mehl und Hefe in einer Schüssel mischen. Zucker, Salz, Öl und lauwarmes Wasser zugeben und in der Küchenmaschine ca. 8–10 Min. oder von Hand zu einem elastischen Teig kneten. Den Teig mit etwas Mehl bestäuben und abgedeckt ca. 30 Min. gehen lassen.

2. Für die Körnermischung Kürbiskerne, Sonnenblumenkerne, Lein- und Sesamsamen auf einem Blech vermengen. Den Teig auf einer bemehlten Arbeitsfläche in 8 Stücke teilen und zu Kugeln formen. Weitere 15 Min. gehen lassen. Einen bemehlten Kochlöffelstiel durch die Mitte jeder Kugel bohren und das Loch durch kreisende Bewegungen erweitern, bis es 4 cm groß ist. Die Bagels mit Abstand auf ein Blech mit Backpapier setzen, abgedeckt 20 Min. gehen lassen.

3. Inzwischen den Backofen auf 220° (Umluft) vorheizen. Einen breiten Topf zur Hälfte mit Wasser füllen, den Honig zugeben und zum Kochen bringen.

4. Nacheinander 2 Bagel-Rohlinge mit der Oberseite nach unten vorsichtig (damit sie nicht zusammenfallen!) in das Kochwasser geben, ca. 45 Sek. ziehen lassen, umdrehen und nochmals kurz ziehen lassen. Mit einer Schaumkelle herausnehmen, abtropfen lassen und zuerst auf das Körner-Blech, dann auf das Backpapier-Blech setzen. In den heißen Ofen (Mitte) schieben und die Bagels ca. 20 Min. hellbraun backen.

Zutaten

Für den Teig
500 g Mehl (Type 550)
1 Päckchen Trockenhefe (7 g)
1 EL brauner Zucker
1 TL Salz
2 EL Öl oder Butter
300–320 ml lauwarmes Wasser
1 EL Honig (für das Kochwasser)

Für den Körnermantel
100 g Kürbiskerne
75 g Sonnenblumenkerne
50 g Leinsamen
50 g Sesamsamen

Bäckerei Diepenbrock,
Everswinkel

»Als Partygebäck sind die Tintenbröckchen
durch die schwarze Krumenfarbe
ein richtiger Hingucker. Sepia färbt zwar
intensiv, gibt jedoch keinerlei
Fischgeschmack ab.« *Eveline Wild*

Tintenbröckchen

1. Am Vortag für das Quellstück Kürbiskerne und Sesamsamen in dem Wasser einweichen und ca. 24 Std. abgedeckt bei Zimmertemperatur stehen lassen.

2. Für den Hauptteig am nächsten Tag die Hefe in einer Schüssel in lauwarmem Wasser auflösen, Mehl und Salz zugeben und alles mit den Knethaken des Handrührgeräts oder der Küchenmaschine 10 Min. (4 Min. auf langsamer, 6 Min. auf schneller Stufe) oder von Hand zu einem glatten Teig kneten.

3. Kurz vor Ende der Knetzeit die Samen, Kerne und die Tintenfischtinte zugeben und unter den Teig (2 Min. auf langsamer Stufe, 30 Sek. auf schneller Stufe) kneten. Den Teig abgedeckt ca. 14 Std. bei Zimmertemperatur gehen lassen, am Anfang der Ruhezeit den Teig dreimal jeweils nach einer halben Stunde von Hand kurz durchkneten.

4. Den Backofen auf 240° vorheizen. Den Brotteig auf einer bemehlten Arbeitsfläche nochmals durchkneten, in 16 Stücke teilen und längliche Brötchen (Bröckchen) daraus formen. Die Bröckchen mit grobem Meersalz bestreuen und auf ein Blech mit Backpapier setzen, in den heißen Ofen (Mitte) schieben und ca. 25 Min. backen. Nach 10 Min. die Temperatur des Ofens auf 220° herunterregeln und die Bröckchen in 15 Min. fertig backen.

Zutaten

(für 20 Stück)

Für das Quellstück
200 g geröstete Kürbiskerne
200 g gerösteten Sesamsamen
200 ml Wasser

Für den Hauptteig
2 kg Weizenmehl (Type 550)
2 TL Salz
42 g Hefe (1 Würfel)
150 ml Wasser
40 g Sepia (Tintenfischtinte, z.B. von Nortindal)
grobes Meersalz zum Bestreuen

Bäckerei Liedtke, Gaggenau

»Traumhaftes Partygebäck oder Fingerfood! Die Taschen lassen sich auch sehr gut mit Salami füllen und mit Paprika oder Chili noch pikanter machen.« **Eveline Wild**

Schinkentaschen

1. Am Vortag das Mehl auf eine Arbeitsfläche sieben, eine Mulde hineindrücken und die Butter in Stückchen, die saure Sahne, Salz und Ei zugeben, alles vermengen und zu einem Teig kneten. Den Teig in Frischhaltefolie wickeln und über Nacht in den Kühlschrank stellen.

2. Am nächsten Tag die Zwiebel abziehen und in feine Würfel schneiden, in einer Pfanne in etwas Butter glasig dünsten und abkühlen lassen. Den Schinken in Würfel schneiden, die Petersilie waschen, abzupfen und klein hacken, zusammen mit dem Käse und den Semmelbröseln unter die Zwiebeln mischen. Mit Pfeffer abschmecken.

3. Den Teig aus dem Kühlschrank nehmen und auf einer bemehlten Arbeitsfläche mit dem Nudelholz ausrollen. Aus dem ausgerollten Teig etwa 10 x 10 cm große Quadrate schneiden. Jeweils in die Mitte eines Teigquadrats 1 EL von der Füllung setzen, dann die Ränder mittig zusammenklappen, sodass Taschen entstehen. Mit der Gabel die Ränder fest andrücken.

4. Den Backofen auf 175° (Umluft) vorheizen. Die Schinkentaschen auf ein Blech mit Backpapier setzen und gleichmäßig mit Milch bestreichen, in den heißen Ofen (Mitte) schieben und in 20–25 Min. goldgelb backen.

Zutaten

Für den Teig
250 g Mehl (Type 550)
125 g Butter
5 EL saure Sahne
1 TL Salz
1 Ei

Für die Füllung
1 Zwiebel
400 g gekochter Schinken
200 g saure Sahne
2 Eier
1/2 Bund Petersilie
2–3 EL geriebener Käse
1 EL Semmelbrösel
Pfeffer
Milch

*»Knorz ist eine süddeutsche
Bezeichnung für Baumstumpf und spielt
auf die Form des Brotes an. Es schmeckt
jedoch in jeder Form ausgezeichnet,
am besten noch warm mit etwas Butter
oder Schmalz.«* **Bernd Kütscher**

Schwarzbierknorz

1. Mehl, Salz, Hefe und Schwarzbier in einer Schüssel gut vermischen. Den Teig mit den Knethaken des Handrührgeräts oder der Küchenmaschine ca. 5 Min. kneten, bis er sich vom Schüsselrand löst. Mit einem sauberen Küchentuch abgedeckt mindestens 3 Std. bei Zimmertemperatur gehen lassen.

2. Anschließend den Teig halbieren und die Teighälften auf einer bemehlten Arbeitsfläche zu jeweils 2 50 cm langen Teigstücken rollen, wobei die Mitte etwas dicker bleibt als die Enden.

3. Die Enden jedes Teigstücks zusammenfügen und wie einen Korkenzieher verdrehen, sodass 2 Schwarzbierknorze entstehen. Die fertig geformten Brote auf ein Blech mit Backpapier legen, mit Mehl bestäuben und abgedeckt weitere 45 Min. gehen lassen.

4. Inzwischen den Backofen auf 210° vorheizen (Umluft), dabei eine Metallschale mit Wasser auf die unterste Schiene oder den Boden des Ofens stellen und mit erhitzen. Sobald die Temperatur erreicht ist, die Schale herausnehmen. Die Brote in den heißen Ofen (Mitte) schieben und in ca. 35 Min. fertig backen.

Zutaten

500 g Weizenmehl (Type 550)
320–350 ml Schwarzbier
10 g Salz
15 g Hefe

Bäckerei Hinkel,
Düsseldorf

Zeusstange

1. Für die Einlage die eingelegten Paprika und Peperoni jeweils in kleine Scheiben schneiden. Den Schafskäse in Würfel schneiden.

2. Für den Teig die Hefe in einer Schüssel im Wasser auflösen. Das Mehl und das Salz zugeben und alles gut unterarbeiten. Den Teig in der Küchenmaschine ca. 8 Min. (4 Min. auf langsamer, 4 Min. auf schneller Stufe) oder von Hand durchkneten.

3. Zum Ende der Knetzeit die Paprika- und Peperonischeiben (auf langsamer Stufe) oder von Hand mit den Käsewürfeln unterarbeiten. Den Teig auf eine bemehlte Arbeitsfläche geben, halbieren, zu 2 Stangen formen und abgedeckt ca. 2 Std. gehen lassen.

4. Inzwischen den Backofen auf 210° vorheizen, dabei eine mit Wasser gefüllte Metallschale auf die unterste Schiene oder den Boden des Ofens stellen. Sobald die Temperatur erreicht ist, die Schale herausnehmen. Die Stangen mit etwas Wasser bestreichen, auf ein Blech mit Backpapier legen und in den heißen Ofen (Mitte) schieben. Die Zeusstangen in 35–40 Min. goldbraun backen.

Zutaten

(für 2 Stück)

Für die Einlage
100 g eingelegte rote Paprika
250 g eingelegte grüne Peperoni
350 g Schafskäse

Für den Teig
15 g Hefe
800 ml Wasser
1 kg Weizenmehl (Type 550)
28 g Salz

Back- und Naschwerk,
Hannover

Altstadtstangen

1. Am Vortag für das Quellstück in einer Schüssel Sesamsamen, Haferflocken, Leinsamen und Maisgrieß mit dem Wasser übergießen und abgedeckt ca. 12 Std. (am besten über Nacht) einweichen.

2. Am nächsten Tag für den Teig Mehl, Sauerteig, Gerstenmalz, Weizensauerteig, Weizenkleber mit Wasser, Hefe und Salz in eine Schüssel geben und mit den Knethaken des Handrührgeräts oder der Küchenmaschine ca. 15 Min. (auf schneller Stufe) oder von Hand gründlich zu einem weichen Teig kneten. Zum Ende der Knetzeit das Quellstück zugeben und unterkneten. Den Teig abgedeckt ca. 6 Std. in den Kühlschrank stellen.

3. Inzwischen den Backofen auf 230° vorheizen. Auf einem Teller die Kürbiskerne mit dem geriebenen Käse mischen. Den Teig aus dem Kühlschrank nehmen, auf einer bemehlten Arbeitsfläche noch einmal gründlich durchkneten und in 14 Stücke teilen. Die Teiglinge zu Stangen formen, mit Wasser bestreichen und mit der Oberseite in die Kürbiskern-Käse-Mischung drücken. Die Altstadtstangen auf ein Blech mit Backpapier setzen, in den heißen Ofen (Mitte) schieben und in ca. 20 Min. backen.

Zutaten

(für ca. 14 Stück à 300 g)

Für das Quellstück
30 g Sesamsamen
30 g Haferflocken
30 g Leinsamen
30 g Maisgrieß
500 ml Wasser

Für den Teig
2,25 kg Weizenmehl (Type 550)
150 g Natursauerteig (selbst angesetzt oder im Beutel)
50 g Gerstenmalz
25 g Weizensauerteig (selbst angesetzt oder im Beutel)
25 g Weizenkleber
1 l Wasser
10 g Hefe
55 g Salz

Zum Bestreuen
75 g Kürbiskerne
50 g geriebener Käse

Ihre kleine Backstube,
Nuthetal

Tipp!

Für dieses Brot sollte man
auf alle Fälle Leinenpresskuchen von einer
Ölmühle verwenden. Geschrotete
Leinsamen sind hier nicht geeignet, da sie
zu wenig Wasser binden.

Lange Leine

1. Für den Vorteig Mehl mit Wasser und Hefe mit den Knethaken des Handrührgeräts oder der Küchenmaschine ca. 7 Min (4 Min. auf langsamer, 3 Min. auf shcneller Stufe) zu einem Teig kneten. Abgedeckt bei Zimmertemperatur ca. 5 Std. ruhen lassen. Für das Quellstück den gemahlenen und gerösteten Leinsaat-Presskuchen mit kochendem Wasser übergießen und ca. 2 Std. quellen lassen.

2. Für den Hauptteig Mehl mit Hefe, Salz, Wasser und Vorteig in eine Schüssel geben, mit den Knethaken des Handrührgeräts oder der Küchenmaschine zuerst langsam, dann sehr intensiv kneten, bis sich der Teig vom Kesselrand löst. Zum Ende der Knetzeit das Quellstück zugeben und unterkneten.

3. Den Teig auf eine bemehlte Arbeitsfläche geben, in 5 Stücke teilen, zu Teigkugeln kneten, dabei noch Mehl einarbeiten. Abgedeckt ca. 90 Min. gehen lassen. Aus den Teigkugeln längliche schmale Brote formen, die an den Enden spitz zulaufen. Auf ein Blech mit Backpapier geben, abgedeckt weitere 90 Min. gehen lassen.

4. Den Backofen auf 240° vorheizen. Eine Metallschüssel mit Wasser auf die unterste Schiene des Backofens stellen. Die Brote in den heißen Ofen (Mitte) schieben und ca. 20 Min. backen, nach 10 Min. die Temperatur auf 220° herunterregeln und die Brote fertig backen.

Zutaten

(für ca. 5 Brote à 480 g)

Für den Vorteig
250 g Weizenmehl (Type 550)
250 ml Wasser
10 g Hefe

Für das Quellstück
50 g Leinsaat-Presskuchen (von einer Ölmühle, geröstet und gemahlen)
250 ml kochendes Wasser

Für den Hauptteig
1000 g Weizenmehl (Type 550)
10 g Hefe
20 g Salz
570 ml Wasser

Meister Bäckerei Mellies,
Horn-Bad Meinberg

Tipp!

»Salzig und/oder süß? Beides. Wer Brioche mit Hühnerleber und Traubengelee mag, kann sich auch am Pickert versuchen. Der Kartoffel-Rosinenteig passt überraschend gut zur rustikalen Leberwurst.« *Eveline Wild*

Lippischer Pickert

1. Die Kartoffeln waschen, schälen und auf der Küchenreibe in eine Schüssel reiben. Die Hefe in der Milch auflösen, die Hefemilch zu den Kartoffeln geben, gut vermengen und ca. 10 Min. gehen lassen.

2. Mehl, Eier, Salz, Zucker und Rosinen zu den Kartoffeln geben und gut unterarbeiten. Den Teig abgedeckt ca. 20 Min. gehen lassen.

3. Fett in einer Pfanne erhitzen und den Kartoffelteig in die Pfanne streichen. Den Pickert von jeder Seite zweimal unter mehrmaligem Wenden jeweils 4–5 Min. backen (Temperatur ca. 150° bei Induktion).

4. Traditionell kommt der Pickert mit lippischer Leberwurst auf den Tisch. Als Alternative sind auch Rübenkrautsirup oder Pflaumenkonfitüre sehr zu empfehlen.

Zutaten

1 kg Kartoffeln
50 g Hefe
500–700 ml lauwarme Milch
1 kg Weizenmehl (Type 550)
10 Eier
30 g Salz
70 g Zucker
150 g Rosinen
Butter oder Öl zum Backen

Süßes & Fruchtiges

Kuchen, Tarte & Co.

Dresdner Mühlenbäckerei, Dresden

Tipp!

»*Für diesen Apfelkuchen lieber Butter statt Margarine nehmen. Fein wird er auch, wenn die Äpfel mit etwas Zimt abgeschmeckt werden.*« **Sabine Baumgarten**

Elses Apfelkuchen

1. Für den Teigboden die Hefe in einer Schüssel in der lauwarmen Milch auflösen. Mehl, Zucker, Butter, Salz, Vanillezucker zugeben und alles mit den Knethaken des Handrührgeräts, der Küchenmaschine oder von Hand zu einem glatten Teig kneten. Den Teig abgedeckt 1–2 Std. gehen lassen. Anschließend nochmals kurz durchkneten, mit dem bemehlten Nudelholz ausrollen und auf ein Blech (ca. 37 x 46 cm) mit Backpapier und hohem Rand legen.

2. Für die Quarkcreme die Butter in einer Schüssel mit den Quirlen des Handrührgeräts schaumig schlagen. Nach und nach Zucker, Eier, Quark, Speisestärke, Salz und etwas Milch zugeben und weiter zu einer cremigen Masse schlagen.

3. Die Äpfel rundum schälen, entkernen und in kleine Würfel schneiden. Die Quarkcreme gleichmäßig auf dem Teigboden verstreichen und die Apfelwürfel darauf verteilen, dabei leicht in die Creme drücken.

4. Den Backofen auf 180° (Umluft 160°) vorheizen. Für die Streusel Butter, Zucker, Mehl und Salz in eine Schüssel geben, zu einer Streuselmasse verkneten und über die Apfelwürfel krümelig verteilen. Den Apfelkuchen in den heißen Ofen (Mitte) schieben und in ca. 50 Min. goldbraun backen.

Zutaten

Für den Teigboden
30 g Hefe
240 ml Milch
500 g Mehl (Type 405)
100 g Zucker
80 g Margarine (z. B. Rama)
1 Prise Salz
1 Päckchen Vanillezucker

Für die Quarkcreme
100 g Margarine (z. B. Rama)
150 g Zucker
3 Eier (Größe M)
1 kg Magerquark
50 g Speisestärke
1 Prise Salz
100 ml Milch
1 kg säuerliche Äpfel

Für die Streusel
200 g weiche Butter
200 g Zucker
400 g Mehl
1 Prise Salz

Backhaus Dümig,
Haar bei München

Tipp!

»*Ein wenig frischer Ingwer oder Limettenschale könnte auch sehr gut zu diesem saftigen und geschmacksintensiven Kuchen passen.*« **Eveline Wild**

Bananenkuchen

1. Die Banane mit dem Zucker, der Milch und dem Öl in einem hohen Gefäß mit dem Pürierstab mixen. Dann die Eier zugeben.

2. In einer Schüssel (von der Küchenmaschine) das Mehl mit dem Zimt und dem Backpulver vermengen. Die Bananenmischung zugeben und alles in der Küchenmaschine 2–3 Min. (auf langsamer Stufe) oder mit dem Handrührgerät glatt rühren.

3. Den Backofen auf 210° vorheizen. Den Teig in eine gefettete Kastenform (ca. 18 cm lang) geben und in den heißen Ofen (Mitte) schieben. Nach ca. 5 Min. die Temperatur auf 180° herunterregeln und mit einem Messer die Oberfläche des Kuchens mittig einritzen. Danach den Bananenkuchen in 35–40 Min. fertig backen.

4. Den Kuchen aus dem Ofen nehmen und ca. 10 Min. abkühlen lassen. Aus der Form auf einen Teller stürzen, nach Belieben mit Zitronen- oder Schokoladenguss überziehen und mit Bananenchips verzieren.

Zutaten

1 große, reife Banane (125 g)
160 g Zucker
65 ml Milch
65 ml Pflanzenöl
2 Eier
125 g Dinkelmehl (Type 630)
1 Msp. Zimt
1/2 TL Backpulver

Feinbäckerei Reck Beck,
Tettnang

»Bei dieser schwäbischen Spezialität, einst das Essen armer Leute, wird übrig gebliebenes Brot auf beste Weise verwertet. Frisch aus dem Ofen, zergeht der Ofenschlupfer auf der Zunge. Für die Soße Tahiti-Vanille nehmen!« **Johann Lafer**

Ofenschlupfer

1. Die Backform mit der flüssigen Butter ausstreichen und mit Semmelbröseln ausstreuen. Restliche Brösel zu dem fein geschnittenen getrockneten Knödelbrot in eine Schüssel geben. Die Äpfel schälen, entkernen und klein schneiden oder fein raspeln. Mit dem Zucker in eine Schüssel geben und etwas ziehen lassen.

2. Für den Guss die Sahne in einer Schüssel mit den Eiern, dem Quark, dem Zucker und der Zitronenschale mit dem Schneebesen gut verrühren.

3. Eine Lage Knödelbrot in die Backform geben und darüber die Sultaninen streuen. Danach eine Lage Äpfel daraufgeben, dann eine Schicht Brot und eine Lage Äpfel, darauf eine weitere Schicht Brot und eine Lage Äpfel, dann mit Brot abschließen und den Guss darübergießen. Die Butter in Flöckchen darauf verteilen und die Form in den kalten Ofen (Mitte) schieben. Die Temperatur auf 150° heraufregeln und den Ofenschlupfer in ca. 65 Min. goldgelb backen. Aus dem Ofen nehmen und noch heiß mit Zimtzucker bestreuen.

4. Für die Vanillesoße das Mark aus den Vanilleschoten schaben. In einem Topf Eigelb, Zucker, Speisestärke und Vanillezucker verrühren, Milch, Vanillemark und die Schoten zugeben, unter Rühren erhitzen (nicht kochen!), bis die Soße eindickt. Die Schoten entfernen und die Soße noch heiß zum Ofenschlupfer servieren.

Zutaten

(für 1 Form ca. 30 x 33 x 8 cm)

Für den Ofenschlupfer
80 g flüssige Butter
800 g getrocknetes Knödelbrot
100 g Semmelbrösel
1,5 kg Äpfel
200 g Zucker

Für den Guss
600 g Sahne
8 Eier (Größe M)
500 g Magerquark
220 g Zucker
abgeriebene Schale von 1 Zitrone
150 g Sultaninen
200 g Butter
100 g Zimtzucker

Für die Vanillesoße
3 Vanilleschoten
3 Eigelb
2 EL Zucker
1 EL Speisestärke
2 EL Vanillezucker
350 ml Milch

Café Schmidt,
Weingarten

Dinkel-Apfel-Nusskuchen

1. Die Butter 1 Std. vor dem Backen aus dem Kühlschrank nehmen, damit sie Zimmertemperatur annimmt. Für den Teigboden die weiche Butter mit dem Zucker mit dem Handrührgerät schaumig schlagen, Vanille, Zimt und Salz zugeben, danach abwechselnd die Eier und das Mehl unterrühren. Den Teig in eine gefettete Springform (ø 28 cm) geben und verstreichen.

2. Den Backofen auf 170° vorheizen. Die Äpfel rundum schälen, halbieren, entkernen und in Schnitze teilen. Die Apfelschnitze gleichmäßig auf dem Teigboden verteilen. Die Form in den heißen Ofen schieben und den Kuchen in ca. 30 Min. backen.

3. Inzwischen für Knuspermasse in einem Topf den Honig mit der Sahne und der Butter kräftig aufkochen. Die gehackten Haselnüsse unterheben.

4. Nach 30 Min. Backzeit den Kuchen aus dem Ofen nehmen und die Knuspermasse gleichmäßig auf den Äpfeln verteilen. Den Kuchen wieder in den Ofen schieben und in 15 Min. fertig backen, dabei die Temperatur des Ofens evtl. auf 150° herunterregeln.

Zutaten

Für den Teigboden
250 g Butter
250 g Zucker
1 Msp. Vanillepulver
1 Prise Salz
1 Msp. Zimtpulver
4 Eier (Größe M)
250 g Dinkelvollkornmehl (Type 630)
500 g Äpfel

Für die Knuspermasse
75 g Honig
60 g Sahne
100 g Butter
250 g gehackte Haselnüsse

Bäckerei Fetzer,
Blieskastel

Tipp!

»Dieser Kranzkuchen lässt sich auch gut mit der Hälfte der Menge herstellen. Er schmeckt pur so ausgezeichnet, dass man ihn nicht einmal mit Butter bestreichen muss.« **Sabine Baumgarten**

Biesinger Kranzkuchen

1. Eine Stunde vor dem Backen Milch, Butter und Hefe aus dem Kühlschrank nehmen, damit sie Zimmertemperatur annehmen.

2. Dann Milch, Butter, Hefe, Mehl, Zucker, Vanillemark, Salz sowie ein Ei in eine Schüssel geben und mit den Knethaken des Handrührgeräts oder der Küchenmaschine 6 Min. (2 Min. auf langsamer, 4 Min. auf schneller Stufe) oder 10 Min. gründlich von Hand zu einem Teig kneten. Den fertigen Teig mit einem feuchten Tuch abdecken und 15 Min. gehen lassen.

3. Den gegangenen Teig auf eine bemehlte Arbeitsfläche geben, in 3 gleich große Stücke teilen und zu runden Strängen formen. Die Teigstränge erneut unter einem feuchten Tuch 10 Min. gehen lassen. Anschließend die Teigstränge auf eine Länge von 50 cm ausrollen, dann zu einem Zopf flechten. Die Zopfenden fest zusammendrücken, sodass ein Flechtkranz entsteht. Den Kranz auf ein Blech mit Backpapier setzen und weitere 30 Min. abgedeckt gehen lassen.

4. Den Backofen auf 160° vorheizen (Umluft). Das zweite Ei verquirlen und den Kranz damit bestreichen. Dann den Kranzkuchen in den heißen Ofen (Mitte) schieben und 35–45 Min. backen.

Zutaten

500 ml Milch
125 g Butter
42 g Hefe (1 Würfel)
1350 g Weizenmehl (Type 405)
125 g Zucker
Mark von ½ Vanilleschote
10 g Salz
2 Eier

Bäcker Süpke,
Orlishausen

»Dieser Nusskuchen aus dem Thüringer Becken,
dem Land der Blechkuchen, ist der ganze
Stolz von Wolfgang Süpke und seinem Team.
Seinen Namen verdankt er den gehackten bzw.
gesplitterten Walnüssen.« **Johann Lafer**

Splitternusskuchen

1. Den Backofen auf 205° vorheizen. Für den Teig-
boden in einer Schüssel Öl, Eier und Zucker mit dem
Handrührgerät ca. 1 Min. aufschlagen. Mehl, Weizen-
stärke mit Backpulver mischen und unterheben. Den
Teig auf ein gefettetes Blech streichen, in den heißen
Ofen (Mitte) schieben und in 15–18 Min. backen.

2. Für die Buttercreme in einem Topf Sahne und Milch
zum Kochen bringen, dann auskühlen lassen. Eigelb
und Zucker mit dem Handrührgerät aufschlagen,
dann die Speisestärke unterrühren. Die Sahne-Milch
dazugießen und gut verrühren. Die Mischung wieder
in den Topf geben und unter Rühren zu einem Pudding
kochen. Die Masse abkühlen lassen, dann mit der weichen Butter zur Creme aufschlagen.

3. Den fertig gebackenen Boden aus dem Ofen nehmen,
auskühlen lassen und mit dem Weinbrand beträufeln.
Die Buttercreme gleichmäßig daraufgeben, dabei mit
dem Teigschaber leicht wellenförmig abziehen.

4. Für den Nusskrokant Butter, Zucker und Nüsse in
eine Pfanne geben und leicht karamellisieren lassen.
Die Nussmasse gleichmäßig auf die Creme streuen.
Nach Belieben Zartbitterkuvertüre schmelzen und
über den Kuchen spritzen. Den Splitternusskuchen in
Rechtecke schneiden und kühl stellen.

Zutaten

(für 1 Blech ca. 37 x 46 cm)

Für den Teigboden
250 ml Pflanzenöl
4 Eier
200 g Zucker
150 g Mehl (Type 550)
100 g Weizenstärke
15 g Backpulver
50 ml Weinbrand

Für die Buttercreme
150 g Sahne
150 ml Milch
100 g Zucker
2 Eigelb
2 EL Maisstärke
400 g weiche Butter

Für den Nusskrokant
25 g Butter
50 g Rohrzucker
300 g gehackte Walnusskerne

Schwäbischer Apfelkuchen

1. Den Backofen auf 220° (Ober- / Unterhitze, bei separater Temperaturregelung Oberhitze 200°, Unterhitze 240°) vorheizen.

2. Für den Belag 50 ml von der Milch abnehmen und in einer kleinen Schüssel mit dem Puddingpulver und den Eigelben verrühren. Die restliche Milch mit der Sahne, dem Zucker und der Prise Salz in einem Topf aufkochen lassen. Vom Herd nehmen und den angerührten Pudding unter ständigem Rühren zugeben. Den Topf auf den Herd zurückstellen und die Creme nochmals aufkochen, dann abkühlen lassen.

3. Den Blätterteig in eine mit Backpapier ausgelegte Springform (ø 28 cm) legen, mit der Gabel etwas einstechen und in den Kühlschrank stellen. Anschließend den Teig gleichmäßig mit der Marmelade bestreichen und den Biskuitteig darauflegen.

4. Inzwischen die Äpfel rundum schälen, halbieren und das Kerngehäuse entfernen. Die Apfelhälften jeweils mit einem Messer in kurzen Abständen etwas einschneiden.

5. Die abgekühlte Vanillecreme mit dem Handrührgerät nochmals ca. 5 Min. aufschlagen, damit sie eine cremige Konsistenz erhält.

6. Die Creme gleichmäßig auf dem Biskuit verteilen. Die Äpfel auf der Vanillecreme verteilen und leicht eindrücken.

7. Den Kuchen in den heißen Ofen (Mitte) schieben und in 50–60 Min. backen. Falls die Oberfläche zu schnell gebräunt wird, den Kuchen zum Ende der Backzeit mit Backpapier abdecken.

8. Den Apfelkuchen aus dem Ofen nehmen, auskühlen lassen, dann aus der Form lösen. Den Tortenguss nach Packungsanweisung anrühren und den Kuchen gleichmäßig damit bestreichen. Den Kuchenrand mit Mandelblättchen bestreuen.

Zutaten

Für den Teig
260 g fertiger Blätterteig (vom Bäcker, 32 cm x 2 mm, oder TK)
1 Wiener Schokoladenbiskuit (vom Bäcker oder TK)

Für den Belag
300 ml Milch
1 Päckchen Vanillepuddingpulver
2 Eigelb
300 g Sahne
60 g Zucker
1 Prise Salz
50 g Himbeer- oder Johannisbeermarmelade
1 kg Äpfel
1 Päckchen heller Tortenguss
2–3 EL geröstete Mandelblättchen

Stoll Genussmeisterei, Untergruppenbach

KuchenRausch's Feinbäckerei,
Berlin

Tipp!

*Die Waldbeerbrioche lässt sich
natürlich auch als ganze Rolle
backen, die vor dem Servieren in
Stücke geschnitten wird.*

Waldbeerbrioche

1. Die Milch in einem Topf erwärmen und die Hefe unter Rühren darin auflösen. Die Butter in einen Topf geben und schmelzen lassen. Eier und Eigelbe in einer Schüssel mit dem Schneebesen verrühren. Die flüssige Butter nach und nach unterrühren, Zucker und Salz zugeben und unter die Eier-Butter-Mischung rühren. Das Mehl in eine große Schüssel oder in die Schüssel der Küchenmaschine sieben und die Eier-Butter-Mischung dazugießen. Die Hefemilch zugeben und alles mit den Knethaken des Handrührgeräts oder der Küchenmaschine zu einem glatten Teig verkneten. Den Teig abgedeckt ca. 30 Min. bei Zimmertemperatur gehen lassen.

2. Den gegangenen Teig auf einer bemehlten Arbeitsfläche mit dem Nudelholz ca. 4 mm dick zu einem Quadrat ausrollen. Die Waldbeermarmelade gleichmäßig auf den Teig streichen und die Waldbeeren darauf verteilen. Den Teig nun eng zusammenrollen, dann Stücke von ca. 20 cm abschneiden. Die Eier verquirlen und die Teigstücke damit bestreichen, mit den Mandeln bestreuen und weitere 40 Min. gehen lassen.

3. Inzwischen den Backofen auf 180° vorheizen. Die Waldbeerbrioches auf ein Blech mit Backpapier setzen, in den heißen Ofen (Mitte) schieben und in ca. 25 Min. backen.

Zutaten

250 ml Milch
42 g Hefe (1 Würfel)
180 g Butter
3 Eier
5 Eigelb
180 g Zucker
10 g Salz
1 kg Mehl (Type 550)
2 Eier zum Bestreichen
2 EL gehobelte Mandeln zum Bestreuen
300 g Waldbeermarmelade
400 g Waldbeeren der Saison
(z.B. Erdbeeren, Heidelbeeren,
Brombeeren)

Apfelweinkranz

1. Für die Apfelweinbuttercreme Apfelwein, Milch und Zucker in einem Topf vermischen und 6 EL von der Mischung in eine kleine Schüssel geben, den Rest in einem Topf zum Kochen bringen. In der kleinen Schüssel die Weizenstärke mit dem Eigelb und der abgenommenen Mischung verrühren. Sobald die Apfelwein-Milch-Mischung kocht, vom Herd nehmen und das Weizenstärke-Ei-Gemisch mit dem Schneebesen unterrühren, wieder auf den Herd stellen und unter ständigem Rühren ca. 1 Min. aufkochen. Die fertige Masse auskühlen lassen und durch ein Sieb passieren. Die Butter mit dem Handrührgerät schaumig schlagen, die Crememasse zugeben und zusammen aufschlagen.

2. Für das Apfelweingelee Apfelwein und Apfelsaft sowie Zitronensaft und Gelierzucker in einem Topf unter Rühren aufkochen und ca. 5 Min. köcheln lassen. In einem weiteren Topf für die Tränke Zucker, Wasser und Calvados verrühren und ebenfalls aufkochen. Den Backofen auf 190° vorheizen. Die Mandeln in einer Pfanne mit Puderzucker mischen, ohne Fett goldbraun anrösten und beiseitestellen.

3. Für den Teigboden in einer Metallschüssel Eier, mit Zucker, Salz, Vanille, Zitronenschale und -saft verrühren und im Wasserbad auf 70° erhitzen. Die Masse mit dem Handrührgerät hellgelb und standfest schlagen. Mehl und Weizenstärke vorsichtig unter die Masse heben, dann die flüssige Butter zugeben. Die Teigmasse in eine gefettete Frankfurter-Kranz-Backform (Gugelhupf) geben, in den heißen Ofen (Mitte) schieben und in 30–35 Min. backen.

4. Den Kuchen aus der Form lösen und zwei- oder dreimal gleichmäßig durchschneiden. Jeden Boden zunächst mit dem Calvados-Gemisch beträufeln, dann dünn mit dem Apfelweingelee bestreichen. Anschließend ca. 1 cm dick die Apfelweinbuttercreme darauf verteilen. Die Böden wieder aufeinandersetzen und den Kranz rundum mit der Buttercreme bestreichen. Zum Schluss den Apfelweinkranz gleichmäßig mit den gerösteten Mandeln bestreuen.

Meddeler Bäcker,
Hasselroth

Zutaten

Für die Füllung
(Apfelweinbuttercreme)
300 ml Apfelwein
200 ml Milch
130 g Zucker
40 g Weizenstärke (Speisestärke)
2 Eigelb, 1 Prise Salz
320 g Butter (Zimmertemperatur)
(Apfelweingelee)
je 100 ml Apfelwein und Apfelsaft
Saft von 1 Zitrone
150 g Gelierzucker
(Tränke zum Beträufeln)
250 g Zucker
200 ml Wasser
50 ml Calvados (Apfelbranntwein)
300 g gehobelte Mandeln (zur Dekoration)

Für den Teigboden
5 Eier
125 g Zucker
je 1 Msp. Vanillepulver, Zitronenschale
1 TL Zitronensaft
175 g Mehl
75 g Weizenstärke (Speisestärke)
50 g flüssige Butter

Baalk Backbord,
Verden

Tipp!

Die Backboote lassen sich auch mit Mascarpone, verrührt mit ein wenig Puddingpulver und Zucker, füllen. Und ganz nach Belieben kann man die Erdbeeren durch Brombeeren ersetzen.

Backboote

1. Für den Teig Butter, Zucker, Salz, Vanille- und Zitronenaroma in eine Schüssel geben und mit den Quirlen des Handrührgeräts schaumig schlagen. Die Eier unterrühren. Mehl und Backpulver mischen und unter die Eier-Butter-Masse heben, nach und nach die Milch unterrühren. Den Teig in die gefetteten Förmchen geben. Die Förmchen auf ein Blech stellen.

2. Für die Füllung in einer kleinen Schüssel das Puddingpulver mit 3 EL Milch und 1 EL Zucker verrühren. Die restliche Milch in einem Topf zum Kochen bringen, vom Herd nehmen, das angerührte Puddingpulver zugeben und unter Rühren nochmals aufkochen lassen. Vom Herd nehmen und auf dem vorbereiteten Teig verteilen.

3. Die Erdbeeren waschen, entstielen und in kleine Stücke schneiden. In einen Topf geben und mit dem Gelierzucker und 2 EL Wasser zum Kochen bringen. Die Erdbeeren leicht einkochen lassen, dann auf oder neben den Vanillepudding in den Förmchen setzen.

4. Inzwischen den Backofen auf 220° vorheizen. Das Blech mit den gefüllten Formen in den heißen Ofen (Mitte) schieben und die Backboote in ca. 30 Min. goldbraun backen.

Zutaten

(für 12 ovale Backformen à 12 cm Länge)

Für den Teig
250 g weiche Butter (oder Margarine)
200 g Zucker
5 g Salz
2 Eier (Größe M)
500 g Mehl (Type 550)
10 g Backpulver
125 ml Milch
einige Tropfen Vanille- und Zitronenaroma

Für die Füllung
1/2 Päckchen Vanillepuddingpulver
250 ml Milch
1 EL Zucker
300 g Erdbeeren
2 EL Gelierzucker

»Für saftige Berliner Pfannkuchen sollte der Teig sehr gut geknetet werden. Werden sie nach der Ruhe in kühle Luft gestellt, bekommen sie eine Haut und können leichter frittiert werden.« **Jochen Baier**

Berliner Pfannkuchen

1. In einem Topf die Milch erwärmen und die Hefe darin auflösen. 100 g Mehl zugeben und mit einem Schneebesen glatt rühren. Den Vorteig abgedeckt ca. 20 Min. bei Zimmertemperatur gehen lassen.

2. Inzwischen die Eier mit Zucker, Salz und Vanillepulver in einer Schüssel mit dem Schneebesen schaumig schlagen. Das restliche Mehl und den Vorteig zugeben und alles in der Küchenmaschine oder von Hand zu einem glatten Teig kneten. Den Teig abgedeckt ca. 30 Min. gehen lassen.

3. Den gegangenen Teig auf einer bemehlten Arbeitsfläche kräftig durchkneten, zu einem Strang formen und mit einem Messer Teiglinge à 30 g abschneiden. Die Teiglinge zu Kugeln formen, mit Mehl bestäuben und auf ein Blech mit Backpapier setzen, abgedeckt ca. 15 Min. gehen lassen.

4. Butterschmalz oder Pflanzenöl in einem großen Topf oder in der Fritteuse auf 170–180° erhitzen. Die Teigkugeln portionsweise in das heiße Öl geben und zugedeckt ca. 1 Min. frittieren. Anschließend die Teigkugeln mit zwei Holzspießen vorsichtig wenden und von der anderen Seite ca. 1 Min. backen. Die Pfannkuchen mit einer Schaumkelle herausheben und auf Küchenpapier gut abtropfen lassen.

5. Das Pflaumenmus in einen Spritzbeutel mit spezieller Tülle geben und von der Seite her das Mus in die Pfannkuchen spritzen. Anschließend die Berliner Pfannkuchen nach Belieben mit Zucker oder Puderzucker bestäuben.

Zutaten

(für ca. 30 Stück)

250 ml Milch
21 g Hefe (1/2 Würfel)
500 g Mehl (Type 405)
2 Eier (Größe L)
50 g Zucker
1 Prise Salz
1 Päckchen Vanillezucker
500 g Butterschmalz oder Pflanzenöl
150 g Pflaumenmus oder Aprikosenkonfitüre

Landbäckerei Marzahne, Radewege

Eselsmühle, Musberg

Tipp!

»*Mit Weizenmehl statt Dinkelmehl und Honig statt Zucker werden die Eselsohren noch etwas saftiger und bekommen eine ganz eigene Note. Probieren Sie es aus.*« **Bernd Kütscher**

Eselsohren

1. Für den Teig das Mehl in ein feines Sieb geben und auf die Arbeitsfläche sieben. In die Mitte eine Mulde drücken und die Butter in Stücken, die Eier, den Zucker und das Salz in die Mulde geben. Alle Zutaten vermengen und rasch zu einem glatten Teig kneten. Den Teig zu einer Kugel formen, in Frischhaltefolie wickeln und ca. 1 Std. in den Kühlschrank stellen.

2. Inzwischen für die Füllung die Walnusskerne klein hacken. In einer Schüssel das Marzipan mit dem Puderzucker, der Sahne und den Walnüssen vermischen.

3. Den Backofen auf 180° vorheizen (Umluft). Den Mürbeteig aus dem Kühlschrank nehmen, auf der bemehlten Arbeitsfläche 3 cm dick mit dem Nudelholz ausrollen und mit dem Messer in 12 ovale Teile schneiden. Die Teigteile in eingefettete ovale Kuchenförmchen (ca. 12 cm lang, 5 cm breit) legen. Die Füllung gleichmäßig auf die Förmchen verteilen und jeweils 1 TL Orangenmarmelade darübergeben. Die gefüllten Formen auf ein Blech stellen, in den heißen Ofen (Mitte) schieben und die Eselsohren in ca. 20 Min. backen.

4. Die Kuvertüre in einem Topf schmelzen und die gebackenen Eselsohren mit der Unterseite in die heiße Kuvertüre tauchen, sodass sie Schoko-Füßchen bekommen. Auf die Oberseite legen und trocknen lassen.

Zutaten

(für 12 Stück)

Für den Teig
280 g Dinkelmehl (Type 630)
125 g kalte Butter
2 Eier
100 g Zucker
1 Prise Salz

Für die Füllung
100 g Walnusskerne
250 g Marzipanrohmasse
200 g Puderzucker
150–200 g Sahne
6 EL Orangenmarmelade
200 g Zartbitter- oder Vollmilchkuvertüre

Bekarei, Berlin

»Die kleinen Gottesbrötchen aus leichtem Briocheteig mit der Kokoskruste kann man auch als Ringbrot backen oder fürs Buffet mit Käse und Schinken füllen.« **Jochen Baier**

Pão de Deus

1. Hefe, Butter, Milch ca. 30 Min. vor dem Backen aus dem Kühlschrank nehmen, damit sie Zimmertemperatur annehmen. Dann die Hefe in einer kleinen Schale in der Milch auflösen. Mehl, Zucker, Eier und Butter in eine Schüssel geben und gut vermischen. Die Hefemilch zugeben und alle Zutaten in der Küchenmaschine oder von Hand zu einem glatten Teig kneten. Den Teig abgedeckt ca. 1 Std. gehen lassen.

2. Inzwischen für die Kruste das Ei mit den Kokosraspeln und dem Zucker vermischen und mit dem Schneebesen gut aufschlagen. Den gegangenen Teig auf einer bemehlten Arbeitsfläche noch einmal durchkneten in kleine Stücke teilen und diese zu Kugeln formen.

3. Den Backofen auf 200° vorheizen. Die Teigkugeln auf ein Blech mit Backpapier setzen und die Kokos-Ei-Masse gleichmäßig auf die Brötchen streichen. Weitere 20 Min. gehen lassen.

4. Das Blech mit den Brötchen in den heißen Ofen (Mitte) schieben, die Temperatur auf 180° herunterregeln und die Pão-de-Deus-Brötchen in 20 Min. fertig backen. Nach dem Auskühlen nach Belieben mit Puderzucker bestäuben.

Zutaten

Für den Teig
30 g Hefe
100 g Butter
250 ml Milch
500 g Mehl (Type 550)
150 g Zucker
2 Eier

Für die Kokoskruste
1 Ei
80 g Kokosraspeln
2 EL Zucker
Puderzucker

Wer möchte, kann die Persipan- oder Marzipanrohmasse mit etwas Rosenwasser verkneten, danach mit dem Nudelholz dünn ausrollen und auf den ausgerollten Teig legen.

Flensburger

1. Die Hefe mit der Milch in einer Schüssel mischen. Mehl, Salz, Zucker, Butter, Ei und Vanille- und Zitronenaroma zugeben und mit den Knethaken des Handrührgeräts oder der Küchenmaschine zu einem Teig kneten. Den Teig abgedeckt ca. 30 Min. in den Kühlschrank stellen.

2. Die weiche Butter mit 1 EL Mehl verkneten und zu einem Rechteck von 15 x 15 cm formen.

3. Den gekühlten Hefeteig auf einer bemehlten Arbeitsfläche mit dem Nudelholz auf ein Rechteck von 18 x 34 cm ausrollen. Die Butterplatte auf eine Seite des Teigstücks legen, die andere Teighälfte darüberklappen und den Rand fest andrücken. Das Teigstück mit dem Nudelholz ausrollen und wieder zusammenklappen, erneut ausrollen und nochmals zusammenklappen. Den Teig abgedeckt ca. 20 Min. in den Kühlschrank stellen.

4. Den gekühlten Teig erneut auf der bemehlten Arbeitsfläche ausrollen. Die Persipan- oder Marzipanmasse mit der Rohkostreibe auf den Teig reiben und die Rosinen darauf verteilen. Den Teig einmal zusammenklappen und weitere 20 Min. kühl stellen.

5. Den Teig auf ein Rechteck von 39 x 45 cm ausrollen und zu einer festen Rolle wickeln. Die Rolle in 3 cm breite Streifen schneiden. Die Streifen auf ein Blech mit Backpapier legen und etwas flach drücken. Die Teiglinge ca. 30 Min. gehen lassen.

6. Inzwischen den Backofen auf 220° vorheizen. Nach 20 Min. das Blech in den heißen Ofen (Mitte) schieben und die Flensburger in 15–18 Min. backen.

Ihr Finkenwerder Bäcker, Hamburg

Zutaten

(für 16 Stück)

21 g Hefe (1/2 Würfel)
240 ml Milch
500 g Mehl (Type 550)
5 g Salz
50 g Zucker
50 g Butter
1 Ei
Vanille- und Zitronenaroma
250 g Butter
1 EL Mehl
150 g Persipan- oder Marzipanrohmasse
150 g Rosinen

Bäckerei Gabelsberger,
Abensberg

Tipp!

»*Durch die lange Teigruhezeit werden die Zoccoletti besonders aromatisch. Wer Ingwer oder Dörrpflaumen nicht mag, kann als Zutaten auch Oliven, Schafskäse oder Chilis probieren.*« **Bernd Kütscher**

Ingwer-Pflaumen-Zoccoletti

1. Am Vortag Mehl, Grieß, Malz, Hefe und Wasser in eine Schüssel geben und mit den Knethaken des Handrührgeräts oder der Küchenmaschine 5–7 Min. (auf langsamer Stufe) zu einem Teig kneten. Das Salz zugeben und 3–5 Min. (auf schneller Stufe) kneten, bis sich der Teig vom Schüsselrand löst. Das Öl langsam zugeben und (auf schneller Stufe) kneten, bis sich der Teig erneut löst. Zum Schluss (auf langsamer Stufe) die Ingwer- und Pflaumenstücke gut unterarbeiten.

2. Eine große rechteckige Tupperbox oder Auflaufform mit etwas Pflanzenöl ausstreichen und den Teig in die Form geben. Nun alle Seiten des Teigs (wie einen Briefumschlag) zur Mitte klappen. Die Box oder Form mit einem Deckel oder Frischhaltefolie abdecken und über Nacht in den Kühlschrank stellen. Der Teig sollte zwischen 12 und maximal 24 Std. im Kühlschrank sein.

3. Am nächsten Tag den Backofen auf 220° vorheizen. Den Teig vorsichtig mit einem Teigschaber oder Kochlöffel von der Form ablösen und mit einer schnellen Bewegung auf die bemehlte Arbeitsfläche fallen lassen. Den Teig gleichmäßig mit Mohn bestreuen und mit Küchenmesser in 2 Rechtecke teilen. Diese wiederum in 4 weitere gleich große Rechtecke schneiden, sodass 8 Zoccoletti entstehen. Jeweils 4 Zoccoletti auf ein Blech mit Backpapier geben, in den heißen Ofen (Mitte) schieben und in ca. 20 Min. fertig backen.

Zutaten

450 g Weizenmehl (Type 550)
50 g Hartweizengrieß
15 g Malz (Flüssigmalz, Backmalz oder Malzbackmittel)
5 g Hefe
350 ml Wasser (ca. 18°)
10 g Salz
2 EL Olivenöl
100 g getrockneter, klein gewürfelter Ingwer
100 g getrocknete, klein gewürfelte Pflaumen
50 g Weiß- oder Blaumohn

Tipp!

»Zu diesem unkomplizierten Gebäck für den gemütlichen Nachmittagskaffee, das sich gut vorbereiten lässt und lange frisch hält, passt eine Nussnougatcreme oder eine fruchtige Marmelade.« **Eveline Wild**

Flachswickel

1. Die Milch in einem Topf leicht erwärmen (ca. 40°), die Hefe darin auflösen und ca. 15 Min. stehen lassen.

2. Inzwischen Butter, Zucker und Ei in der Küchenmaschine oder mit dem Handrührgerät schaumig schlagen. Die Milch-Hefe-Mischung und das gesiebte Mehl zugeben und mit den Knethaken des Handrührgeräts oder der Küchenmaschine zu einem Teig kneten. Den Teig abgedeckt ca. 10 Min. bei Zimmertemperatur ruhen lassen.

3. Anschließend den Teig auf einer bemehlten Arbeitsfläche in 14 Stücke à 50 g teilen, durchkneten und zu Teigkugeln formen, weitere 15 Min. abgedeckt gehen lassen. Dann die Teiglinge zu ca. 30 cm langen Strängen rollen, die in der Mitte leicht bauchig sind, und jeweils in der Mitte zu einer Schlinge übereinanderlegen, dabei die Enden zu einer Kordel drehen.

4. Die geformten Flachswickel mit Milch bestreichen und in Hagelzucker wälzen. Auf ein Blech mit Backpapier setzen und abgedeckt ca. 60 Min. bei Zimmertemperatur gehen lassen.

5. Inzwischen den Backofen auf 190° (Umluft) vorheizen. Die Flachswickel in den heißen Ofen (Mitte) schieben und in ca. 15 Min. goldbraun backen.

Zutaten

(für 14 Stück)

50 ml Milch
25 g Hefe
190 g weiche Butter
40 g Zucker
1 Ei
375 g Weizenmehl (Type 550)
1 Prise Salz
5 EL Milch zum Bestreichen
5 EL Hagelzucker zum Bestreuen

Kirchweihnudeln

1. Am Vortag in einem Topf den Rum und das Wasser erhitzen. Die Rosinen in eine Schüssel geben, den heißen Rum darübergießen, mit Frischhaltefolie abdecken und über Nacht einweichen.

2. Für den Vorteig die Milch in einem kleinen Topf erwärmen, die Hefe zugeben und in der Milch auflösen. Das Mehl zugeben und kräftig unterkneten. Den Vorteig abgedeckt ca. 30 Min. gehen lassen.

3. Für den Hauptteig Vorteig, Mehl, Milch, Butter, Zucker, Eier, Eigelb, Salz, Zitronenschale und Vanillepulver in die Schüssel der Küchenmaschine geben und alles 9 Min. (2 Min. auf langsamer, 7 Min. auf schneller Stufe) zu einem Teig kneten. Zum Ende die Rumrosinen unterkneten. Den Teig mit einem feuchten Tuch abgedeckt ca. 15 Min. gehen lassen. Den Teig in 20 Stücke teilen, rund wirken und zu 20 Kugeln formen. Auf ein Brett mit Tuch legen und 30–45 Min. gehen lassen.

4. Die Teiglinge mit cremiger Butter bestreichen und handflächengroß flach drücken. Dann aus dem Teigling jeweils an einer Seite einen Zipfel ziehen. Den Teigzipfel um 180° drehen und in der Mitte des Teiglings ablegen. Diesen Vorgang 3-mal wiederholen (insgesamt 4-mal zupfen, 3-mal drehen). Den Teigling mit der gezupften Seite nach unten auf ein Brett mit Tuch legen und weitere 30–45 Min. gehen lassen.

5. Das Öl oder Schmalz in einem großen Topf auf 160–170° erhitzen. Die Teiglinge mit der gedrehten Seite nach unten portionsweise in das heiße Öl geben und zugedeckt ca. 1 Min. frittieren. Dann die Nudeln vorsichtig wenden und von der anderen Seite ca. 1 Min. backen. Die Nudeln mit einer Schaumkelle herausheben, auf Küchenpapier kurz abtropfen lassen und noch heiß in Zimtzucker wälzen. Abschließend die Kirchweihnudeln mit Puderzucker bestäuben.

Zutaten

(für 20 Stück)

80 ml Rum
120 ml Wasser
250 g Rosinen

Für den Vorteig
270 ml Milch
50 g Hefe
360 g Weizenmehl (Type 550)

Für den Hauptteig
680 g Vorteig
550 g Weizenmehl (Type 550)
90 ml Milch
110 g Butter
90 g Zucker
3 Eier, 3 Eigelb
10 g Salz
1 TL Zitronenschale
1 TL Vanillepulver
50 g weiche Butter
800 ml Pflanzenöl oder Butterschmalz
100 g Zimtzucker
Puderzucker zum Bestäuben

Bäckerei Stiele,
Kranzberg

Tipp! »Die erste Teigstufe – der Vorteig – auch Hebel oder
Dampfe genannt, fördert die Hefegärung und damit die
lockere Konsistenz der Kirchweihnudeln.« *Bernd Kütscher*

Olks Vollkornbackhaus,
St. Ingbert

Tipp!

*Eine schöne Frische erhalten die
Lebkuchenschnitten, wenn sie
mit einem zitronigen Puderzuckerguss
überzogen werden.*

Lebkuchenschnitten

1. Am Vortag für die Einlage Rosinen, Zitronat, Orangeat und gehackte Mandeln in eine Schüssel geben und in dem Wasser (am besten über Nacht) einweichen.

2. Am nächsten Tag für den Teig das Mehl mit dem Lebkuchengewürz, dem Kakaopulver und dem Backpulver in einer Schüssel mischen. In eine weitere Schüssel die Butter und den Honig geben mit dem Handrührgerät cremig aufschlagen. Nach und nach die Eier zugeben, dann das Mehlgemisch und die eingeweichten Rosinen samt Zitronat, Orangeat und Mandeln zugeben und unterarbeiten.

3. Inzwischen den Backofen auf 195° vorheizen. Den Teig in eine gefettete Form (30 x 20 cm) füllen, in den heißen Ofen (Mitte) schieben und ca. 50 Min. backen.

4. Den gebackenen Lebkuchenteig aus dem Ofen nehmen, auskühlen lassen und in beliebige Stücke schneiden. Die Kuvertüre schmelzen und die Lebkuchenschnitten damit überziehen.

Zutaten

Für die Einlage
150 g Rosinen
150 g Zitronat
150 g Orangeat
150 g gehackte Mandeln
700 ml Wasser

Für den Teig
700 g Dinkelvollkornmehl
25 g Lebkuchengewürz
20 g Kakaopulver
25 g Weinsteinbackpulver
150 g Butter
400 g Honig
4 Eier
200 g Kuvertüre

Bäckerei Höhne,
Olbersleben

Tipp!

*Statt mit einer Canache kann
man die Mandelschnitten auch mit
einem Muster aus schwarzer
und weißer Kuvertüre verzieren.*

Mandelschnitten

1. Die Eier trennen, dabei 2 Eigelb in eine gesonderte Schüssel geben. Die Marzipanmasse und ca. 60 g Zucker zugeben und mit den Eigelben verrühren. In die restlichen Eigelbe das Wasser und die Aromen geben und gut vermischen. Die Eigelbmasse in die Marzipanmasse einarbeiten, dabei nicht aufschlagen, sondern glatt rühren. Butter bei milder Hitze schmelzen. Zartbitter- und Vollmilchkuvertüre klein raspeln.

2. Mit dem Handrührgerät das Eiweiß in einem fettfreien Gefäß steif schlagen, dabei den restlichen Zucker einrieseln lassen. Danach die Marzipan-Ei-Masse und das gesiebte Mehl unter den Eischnee heben. Zum Schluss die flüssige Butter, die geraspelte Kuvertüre und die gehackten Mandeln unterrühren.

3. Den Backofen auf 200° vorheizen. Die Teigmasse auf einem gefetteten Blech verteilen und glatt streichen. Das Blech in den heißen Ofen (Mitte) schieben und den Kuchen ca. 30 Min. backen. Aus dem Ofen nehmen, auskühlen lassen und mit Amaretto beträufeln.

4. Für die Canache die Sahne in einem Topf erhitzen, die grob gehackte Zartbitterkuvertüre dazugeben, darin schmelzen, anschließend die Masse in den Kühlschrank stellen. Mit den Quirlen des Handrührgeräts die Canache aufschlagen, den Kuchen damit großzügig bestreichen und in ca. 4,5 x 2,5 cm große Mandelschnitten aufschneiden.

Zutaten

(für 1 Blech ca. 37 x 46 cm)

8 Eier
400 g Marzipanrohmasse
150 g Zucker
30 ml Wasser
je einige Tropfen Vanille-, Rum- und Bittermandelaroma
130 g Butter
100 g Zartbitterkuvertüre
100 g Vollmilchkuvertüre
200 g Mehl
100 g gehackte Mandeln
30 ml Amaretto

Für die Canache
150 g Sahne
150 g Zartbitterkuvertüre

Bäckerei Hellmann, Billerbeck

Tipp!

»Bei dieser mürberen und weicheren Nussecken-Variante kann man auch sehr gut mit Mandeln, Pistazien oder Walnüssen experimentieren.« Eveline Wild

Haselnussecken

1. Für den Mürbeteig das Mehl und das Backpulver in eine Schüssel geben. Den Puderzucker mit den Eiern und der Butter in Stücken zugeben und mit den Knethaken des Handrührgeräts oder der Küchenmaschine zu einem Teig kneten. Den Teig in Frischhaltefolie eingewickelt ca. 1 Std. in den Kühlschrank stellen.

2. Inzwischen für den Belag in einem Rührgefäß das Eiweiß und den Zucker mit den Quirlen des Handrührgeräts leicht aufschlagen (keinesfalls steif schlagen!). Die Nüsse und das Mehl unterheben und mit Salz und Vanillemark aromatisieren. Die Masse in einem Topf unter ständigem Rühren zum Kochen bringen.

3. Den Backofen auf 180° vorheizen. Den Mürbeteig auf einem gefetteten Blech mit dem Nudelholz 5 mm dick ausrollen und im heißen Ofen (Mitte) ca. 20 Min. backen. Aus dem Ofen nehmen, mit Aprikosenkonfitüre bestreichen und die Nussmasse gleichmäßig darauf verteilen. Das Blech wieder in den Ofen schieben, dabei die Temperatur auf 200° heraufregeln und die Nussecken in ca. 15 Min. goldgelb backen.

4. Den Kuchen aus dem Ofen nehmen, mit dem Messer in Dreiecke schneiden und auskühlen lassen. Die Kuvertüre schmelzen, die Nussecken hineintauchen und auf einem Kuchengitter trocknen lassen.

Zutaten

(für 1 Blech ca. 37 x 46 cm)

Für den Mürbeteig
400 g Mehl (Type 550)
7 g Backpulver
180 g Puderzucker
3 Eier
250 g Butter (oder Margarine)

Für den Belag
65 g Eiweiß
100 g Zucker
200 g gehobelte Haselnüsse
15 g Mehl (Type 550)
1 Prise Salz
1/2 TL Vanillemark
4 EL Aprikosenkonfitüre
200 g Zartbitterkuvertüre

Frischkäse-Brownies

Hercules Bäckerei,
Düsseldorf

1. Am Vortag für den Sauerteig in einer Schüssel Milch, Mehl und Anstellgut verrühren und ca. 12 Std. (oder über Nacht) gehen lassen.

2. Am nächsten Tag für den Vorteig Hefe und Milch in einer Schüssel verrühren, Weizenmehl und Frischkäse zugeben und den Teig abgedeckt bei Zimmertemperatur ca. 45 Min. gehen lassen.

3. Für den Hauptteig Sauerteig, Vorteig, Weizenmehl und Hefe in eine Schüssel geben und mit den Knethaken des Handrührgeräts oder der Küchenmaschine ca. 12. Min. (auf langsamer Stufe) zu einem Teig kneten. Im heißen Wasserbad Butter, Schokolade und Kakao verrühren und schmelzen lassen. Die Schoko-Butter-Mischung zum Hauptteig geben und unterkneten. Die Eier mit dem Zucker mit dem Handrührgerät schaumig schlagen und vorsichtig unten den Teig heben.

4. Für den Belag in einer Schüssel den Frischkäse mit Zucker, Vanille und Milch glatt rühren.

5. Ein Blech einfetten und die Hälfte des Teigs darauf verteilen. Die Frischkäsemischung daraufstreichen, dann den restlichen Teig über dem Frischkäse verteilen. Den Teig abgedeckt ca. 2 Std. gehen lassen, dann in den auf 190° vorgeheizten Ofen (Mitte) schieben und ca. 40 Min. backen.

6. Inzwischen für die Glasur die Zartbitterschokolade klein hacken und in einem Topf zusammen mit Butter, Milch, Sahne, Kakao und Puderzucker unter Rühren erwärmen.

7. Den fertig gebackenen Brownieteig aus dem Ofen nehmen und noch warm gleichmäßig mit der Glasur überziehen, auskühlen lassen und in Rechtecke oder Quadrate schneiden.

Zutaten

Für den Sauerteig
225 ml Milch
225 g Weizenmehl (Type 550)
25 g Sauerteig (selbst angesetzt oder im Beutel)

Für den Vorteig
5 g Hefe
50 ml Milch
175 g Weizenmehl (Type 550)
250 g Frischkäse (z.B. Philadelphia)

Für den Hauptteig
500 g Weizenmehl (Type 550)
10 g Hefe
500 g Butter
500 g Zartbitterschokolade
15 EL Kakaopulver
10 Eier
800 g Zucker

Für den Belag
750 g Frischkäse (z.B. Philadelphia)
100 g Zucker
1 Päckchen Bourbonvanille
75 ml Milch

Für die Glasur
250 g Zartbitterschokolade
50 g Butter
125 ml Milch
75 g Sahne
10 EL Kakaopulver
250 g Puderzucker

Tipp! Da der Teig dieser außergewöhnlichen Brownie-Variante als Triebmittel auch einen Sauerteig enthält, kommt der Schokoladengeschmack ganz besonders zur Geltung.

Rosinenschnecken

1. Am Vortag die Rosinen mit heißem Wasser übergießen und über Nacht einweichen.

2. Am nächsten Tag die Rosinen in einem Sieb abtropfen lassen. Für den Plunderteig das Mehl in eine Schüssel geben und die Hefe dazubröckeln. Milch, Zucker, Butter und Eier zufügen und mit den Knethaken des Handrührgeräts oder der Küchenmaschine zu einem glatten Teig kneten. Den Teig abgedeckt ca. 10 Min. gehen lassen.

3. Die Butter auf einen Bogen Backpapier legen, mit einem zweiten Bogen Backpapier abdecken und mit dem Nudelholz zu einem ca. 1 cm dicken und 20 x 20 cm großen Quadrat rollen. Den Teig auf der bemehlten Arbeitsfläche zu einem ca. 20 x 40 cm großen Rechteck ausrollen und in die Mitte die ausgerollte Butter legen. Den Teig von beiden Seiten darüberklappen. Den Teig am Rand rundum zusammendrücken, sodass die Butter eingeschlossen ist. Das Teigstück um 90 Grad drehen und gleichmäßig zu einem Rechteck von 20 x 90 cm ausrollen (a). Ein Drittel des Teigs zur Mitte hin falten, sodass das Rechteck ca. 20 x 60 cm groß ist (b). Das gegenüberliegende Drittel des Teigs darüberschlagen (c). Den gefalteten Teig leicht mit Mehl bestäuben, auf ein Blech mit Backpapier legen und abgedeckt ca. 30 Min. kalt stellen. Anschließend den Teig 3-mal so bearbeiten wie in den Schritten a) bis c) beschrieben.

4. Den Teig auf einer bemehlten Arbeitsfläche zu einem 4 mm dicken und etwa 30 x 45 cm großen Rechteck ausrollen. Die abgetropften Rosinen darauf verteilen und den Teig von der Schmalseite her aufrollen. Die Teigrolle auf einen großen Bogen Alufolie geben und straff darin einwickeln. Die Enden links und rechts fest verdrehen und die Teigrolle ca. 2 Std. in das Tiefkühlfach legen.

5. Den Backofen auf 180° vorheizen. Ein Backblech mit Backpapier belegen. Die Teigrolle in etwa 2 cm dicke Scheiben schneiden. Die Teigscheiben mit Abstand auf das Blech legen und abgedeckt kurz gehen lassen.

6. Inzwischen das Eigelb mit der Milch verquirlen und die Schnecken gleichmäßig damit bestreichen in den Ofen schieben und in ca. 25. Min backen.

Chocolatte, München

Zutaten

1 kg Rosinen
1 l Wasser
1 kg Weizenmehl (Type 405)
80 g Hefe
350 ml Milch
120 g Zucker
250 g Butter
2 Eier
1 kg Butter zum Tournieren
2 Eigelb zum Bestreichen
3 EL Milch zum Bestreichen
2 EL Puderzucker zum Bestäuben

Tipp! »Für diesen Klassiker fast jeder Bäckerei empfehle ich, die Rosinen noch auf eine dünne Schicht von weich gearbeitetem Marzipan oder Vanillecreme zu streuen.« **Johann Lafer**

Bosselmann. Die Landbäckerei,
Langenhagen

Tipp!

*Statt der Soft-Cranberries
können beispielsweise
auch schokolierte Aroniabeeren den
Very-Berry-Brötchen eine
überraschende Note verleihen.*

Very Berry

1. Für den Vorteig die Hefe zur Milch in eine Schüssel geben und verrühren. Das Mehl unterkneten und den Teig abgedeckt bei Zimmertemperatur ca. 20 Min. gehen lassen.

2. Für den Hauptteig den gegangenen Vorteig mit dem Mehl, der Butter, dem Zucker, den Eiern, Salz, Zitronenschale und Vanillemark in eine Schüssel geben und mit den Knethaken des Handrührgeräts oder der Küchenmaschine ca. 8 Min. (4 Min. auf langsamer, 4 Min. auf schneller Stufe) oder von Hand zu einem glatten Teig kneten. Kurz vor Ende der Knetzeit die Cranberries zugeben und unterkneten.

3. Den Backofen auf 180° vorheizen. Den Teig auf eine bemehlte Arbeitsfläche geben und in 20 Stücke teilen. Jedes Teigstück nochmals kräftig durchkneten, zu einem runden Brötchen formen und auf ein Blech mit Backpapier setzen.

4. In einer kleinen Schüssel die Eigelbe mit der Milch verrühren, die Brötchen mit der Eiermilch bestreichen und mit Hagelzucker bestreuen. Die Very-Berry-Brötchen in den heißen Ofen (Mitte) schieben und in 35–40 Min. goldgelb backen.

Zutaten

(für 20 Stück)

Für den Vorteig
13 g Hefe
345 ml Milch
550 g Weizenmehl (Type 550)

Für den Hauptteig
550 g Weizenmehl (Type 550)
450 g weiche Butter
130 g Zucker
2 Eier (Größe L)
20 g Salz
1 Msp. abgeriebene Zitronenschale
1 Msp. Vanillemark
300 g getrocknete Soft-Cranberries
2 Eigelb zum Bestreichen
2 EL Milch
3 EL Hagelzucker zum Bestreuen

Wiener Hörnchen

1. Am Vortag für den Vorteig das Mehl in eine Schüssel geben. Die Hefe in dem Wasser auflösen, zum Mehl geben und zu einem Teig verkneten. Den Teig abgedeckt ca. 12 Std. in den Kühlschrank stellen (ca. 6°).

2. Am nächsten Tag das Mehl in die Schüssel der Küchenmaschine geben. Die Hefe dazubröckeln. Kalte Milch, Zucker, Salz, Eier und Butter in kleinen Stücken zugeben und in der Küchenmaschine zu einem glatten Teig verkneten. Die Teigtemperatur darf nicht über 16° liegen. Den Teig in Frischhaltefolie gewickelt ca. 2 Std. bei 2° in das Gefrierfach stellen.

3. Die Butter ca. 20 Min. vor der Verarbeitung aus dem Kühlschrank nehmen, auf einen Bogen Backpapier legen und mit einem zweiten Bogen Backpapier abdecken. Dann mit dem Nudelholz zu einem etwa 1 cm dicken und 20 x 20 cm großen Quadrat ausrollen.

4. Den gekühlten Teig auf der bemehlten Arbeitsfläche zu einem etwa 20 x 40 cm großen Rechteck ausrollen. Ausgerollte Butter auf den Teig geben und einschlagen. Teig wieder zur doppelten Größe ausrollen. Nun zuerst quer und dann längs einschlagen. Nochmals ausrollen und zusammenklappen. In Frischhaltefolie wickeln und 30 Min. kühl stellen. Diesen Vorgang 3-mal wiederholen. Danach den Teig 1 Std. in den Kühlschrank stellen.

5. Den Backofen auf 180° vorheizen. Den Teig auf der bemehlten Arbeitsfläche 6 mm dick ausrollen, dann in 6 cm breite und 22 cm lange Streifen schneiden. Jeden Streifen mit Wasser bestreichen, in die Mitte einen Streifen Aprikosenkonfitüre geben und mit etwas Rum beträufeln. Von der langen Seite her zusammenklappen und in Hufeisenform biegen. Die Hörnchen auf ein Blech mit Backpapier setzen, dann in den heißen Ofen (Mitte) schieben und in 20–25 Min. goldbraun backen.

6. Inzwischen die restliche Aprikosenkonfitüre mit 3 EL Wasser in einem Topf aufkochen und durch ein Sieb streichen. In einem weiteren Topf die Zartbitterkuvertüre über dem heißen Wasserbad schmelzen. Die Hörnchen aus dem Ofen nehmen und aprikotieren. Die fertigen Hörnchen mit den Enden jeweils in die heiße Kuvertüre tauchen.

Bäckerei Potthoff, Hamm

Zutaten

Für den Vorteig
350 g Weizenmehl (Type 550)
12 g Hefe
250 ml Wasser

Für den Hauptteig
650 g Weizenmehl (Type 550)
42 g Hefe (1 Würfel)
280 ml kalte Milch
100 g Zucker
15 g Salz
100 g Butter
4 Eier
1000 g Butter

Zum Glasieren
250 g Aprikosenkonfitüre
1 EL Rum
200 g Zartbitterkuvertüre

Käsesahnetorte

1. Für den Biskuitboden Eier und Eigelb in eine große Schüssel geben, Zucker, Salz, Vanillezucker und Zitronenschale zugeben und mit den Quirlen des Handrührgeräts schaumig schlagen. Das Mehl und die Speisestärke mit einem Schneebesen unter die Masse heben. Die Milch in einem Topf erwärmen und die Butter darin schmelzen. Die Milch-Butter-Mischung unter die Biskuitmasse rühren.

2. Den Backofen auf 160° vorheizen. Den Boden einer Springform (ø 24 cm) mit Backpapier auslegen, die Biskuitmasse in die Form geben und den Teig in den heißen Ofen (Mitte) schieben und ca. 40 Min. backen.

3. Inzwischen für die Füllung die Sahne mit dem Handrührgerät steif schlagen und kalt stellen. Die Gelatine in kaltem Wasser einweichen. Quark, Joghurt, Zitronenschale und Zucker in einer Schüssel gut verrühren. Die eingeweichte Gelatine in einem größeren Topf erwärmen (ca. 30°), bis sie sich aufgelöst hat. Ein Drittel der Quarkmasse unter die warme Gelatine rühren. Nach und nach die restliche Quarkmasse zugeben. Die Masse sollte handwarm sein! Vom Herd nehmen, kurz abkühlen lassen und einen Teil der geschlagenen Sahne unterheben. Zuletzt die restliche Sahne unter die Quarkmasse ziehen.

4. Den fertig gebackenen Biskuit herausnehmen, abkühlen lassen und aus der Form lösen. Das Backpapier vorsichtig abziehen. Den Biskuit mit einem langen dünnen Messer einmal waagerecht durchschneiden. Um die eine Biskuithälfte einen Tortenring setzen, die andere Hälfte beiseitelegen.

5. Die Pfirsiche waschen, entsteinen und halbieren. Die Pfirsichhälften mit kochendem Wasser übergießen und die Haut abziehen, dann kreisförmig auf dem Tortenboden im Tortenring anordnen. Die Quarkmasse auf die Pfirsiche geben und glatt verstreichen. Den beiseitegelegten Teigdeckel obenauf setzen. Die Käsesahnetorte nach Belieben mit Puderzucker bestäuben und mindestens 3 Std. in den Kühlschrank stellen.

Zutaten

Für den Biskuitboden

5 Eier
2 Eigelb
150 g Zucker
1 Prise Salz
1 EL Vanillezucker
abgeriebene Schale von 1/2 Zitrone
120 g Mehl
30 g Speisestärke
50 ml Milch
50 g Butter

Für die Füllung

500 g Sahne
7 Blatt Gelatine
300 g Speisequark
200 g Joghurt
abgeriebene Schale von 1/2 Zitrone
100 g Zucker
500 g frische Pfirsiche
(oder aus der Dose)

Bäckerei Soller,
Wald/Roßbach

tipp! *Nicht nur Pfirsiche, auch frische, entsteinte Kirschen, Mangospalten oder Mandarinenschnitze bieten sich als fruchtige Schicht für diese Torte an.*

Stachelbeerbaisertorte

1. Für den Mürbeteigboden das Mehl auf eine Arbeitsfläche geben, eine Mulde hineindrücken, Zucker, Salz,
Ei und die Butter in Stückchen dazugeben und alles zu
einem glatten Teig verkneten. Den Teig in Frischhaltefolie wickeln und ca. 30 Min. kühl stellen.

2. Den Backofen auf 180° vorheizen. Für die Baiserböden 70 g Zucker, mit der weichen Butter, dem Öl und
dem Salz cremig schlagen. Eigelbe zur Zucker-Butter-
Masse geben, die Eiweiße beiseitestellen. Die Milch
unter das Zucker-Butter-Ei-Gemisch rühren und das
Mehl mit dem Backpulver unterarbeiten.

3. Aus Backpapier zwei Kreise mit ø 26 cm ausschnei-
de, jeweils auf ein Backblech setzen und die Teigmasse
auf die Kreisflächen streichen. Eiweiß steif schlagen,
dabei den restlichen Zucker (150 g) einrieseln lassen,
die Mandeln vorsichtig unterheben. Das Mandelbaiser
auf beiden Teigkreisen verteilen. Die Baiserböden in
den heißen Ofen (Mitte) schieben und ca. 20 Min. backen. Auskühlen lassen und einen Boden in 12 Torten-
stücke teilen.

4. Den Mürbeteig auf einer bemehlten Arbeitsfläche
ausrollen. In eine gefettete Springform (ø 26 cm) legen,
in den heißen Ofen (Mitte) schieben und 5–10 Min.
backen. Herausnehmen und auskühlen lassen.

5. Inzwischen für die Füllung die Stachelbeeren waschen, putzen und halbieren. Die Gelatine in kaltem
Wasser einweichen, ausdrücken, mit 2 EL Wasser in
einem Topf erwärmen und auflösen. Die Sahne mit
½ Päckchen Vanillezucker steif schlagen. Die aufgelöste Gelatine rasch unter die Sahne mischen.

6. Den Mürbeteigboden in einen Tortenring legen, mit
100 g Stachelbeermarmelade bestreichen und mit dem
ganzen Baiserboden belegen. Darauf die restliche Stachelbeermarmelade streichen, mit den Stachelbeer-
hälften belegen und mit dem restlichen Vanillezucker
bestreuen. Die Sahne gleichmäßig auf die Stachelbeeren geben und mit dem Baiserboden belegen. Die Torte
für 1 Std. in den Kühlschrank stellen und anschließend
mit Puderzucker bestäuben.

Bäckerei Schmitz,
Telgte

Zutaten

Für den Mürbeteigboden
200 g Mehl (Type 405)
50 g Zucker
1 Prise Salz
1 Ei
100 g Butter

Für die Baiserböden
220 g Zucker
75 g weiche Butter
30 ml Pflanzenöl
1 Prise Salz
6 Eier
20 ml Milch
130 g Mehl (Type 405)
1 Msp. Backpulver
2 EL gemahlene, blanchierte Mandeln

Für die Stachelbeerfüllung
400 g frische Stachelbeeren
3 Blatt Gelatine
400 g Sahne
1 Päckchen Vanillezucker
400 g Stachelbeermarmelade
Puderzucker zum Bestäuben

Grüner-Tee-Tarte

1. Den Backofen auf 170° vorheizen. Für den Mürbeteig Mehl, Zucker, Eigelbe und Salz auf eine Arbeitsfläche geben, die Butter in Stücken zugeben und von Hand rasch zu einem glatten Teig verkneten. Den Teig 3–5 mm dick und etwas größer als eine gefettete Tarteform mit dem Nudelholz ausrollen. Den Teig in die Form legen und einen Tarterand formen. Ein passend geschnittenes Backpapier auf den Teig legen, Backbohnen darauf verteilen, die Tarte in den heißen Ofen (Mitte) schieben und ca. 15 Min. backen. Dann die Backbohnen entfernen und weitere 5 Min. backen. Die Tarte aus dem Ofen nehmen und auskühlen lassen.

2. Inzwischen für die Grüntee-Mousse die Gelatine in kaltem Wasser einweichen. Die Sahne mit den Quirlen des Handrührgeräts steif schlagen und kühl stellen. Die Eigelbe mit dem Zucker in eine Schüssel geben und im warmen Wasserbad mit dem Handrührgerät schaumig schlagen, bis es fast weiß ist. In einem Topf einen Teil der Milch mit dem Matchatee-Pulver vermischen, die restliche Milch zugeben und aufkochen. Anschließend das Zucker-Ei-Gemisch durch ein Sieb gedrückt unter die Matcha-Milch rühren. Die eingeweichte Gelatine leicht ausdrücken und erhitzen, bis sie sich aufgelöst hat. Die Gelatine zügig unter die Milchmischung rühren und die Masse im kalten Wasserbad abkühlen lassen.

3. Die Mandelcreme mit der Vanillecreme und dem Matchatee-Pulver in einer Schüssel verrühren und die Frangipani auf den abkühlten Teigboden streichen. Die Tarte zurück in den Ofen (Mitte) schieben und bei 170° weitere 30 Min. backen.

4. Die fertig gebackene Tarte aus dem Ofen nehmen, abkühlen lassen und gleichmäßig mit der Azuki-Bohnenpaste bestreichen. Sobald die Grüntee-Milch-Masse abgekühlt ist und die Konsistenz von geschlagener Sahne erreicht hat, die vorbereitete Schlagsahne in 2 Portionen nacheinander unter die Masse heben. Zum Schluss die Grüntee-Mousse dekorativ auf der Tarte verstreichen.

Zutaten

Für den Mürbeteig
210 g Mehl
80 g Zucker
1 g Salz
4 Eigelb
150 g Butter
Backbohnen (z.B. aus Keramik)
350 g Azuki-Bohnenpaste (Asiashop)

Für die Grüntee-Mousse
7 Blatt Gelatine
250 g Sahne
4 Eigelb
70 g Zucker
210 ml Milch
12 g Matchatee-Pulver

Für die Frangipani
440 g fertige Mandelcreme
110 g fertige Vanillecreme
8 g Matchatee-Pulver

Iimori Pâtisserie, Frankfurt

Tipp!

»Für eine Mousse mit Eigelb sollte man sehr frische
Eier verwenden und die Eigelb-Zuckermasse auf mindestens
70° im Wasserbad erwärmen. Die leckere Tarte gut kühlen
und schnell verzehren.« *Sabine Baumgarten*

Schlosscafé Neyer,
Heiligenberg

»Das Rezept dieser Engadiner Nusstorte
ist hervorragend und gelingt
wunderbar – ich könnte es nicht besser
machen.« *Eveline Wild*

Engadiner Nusstorte

1. Für den Mürbeteig Butter mit Zucker, Salz und 1 Ei mit den Quirlen des Handrührgeräts glatt rühren. Anschließend das Mehl gleichmäßig unterkneten. Den Teig zu einer Kugel formen und abgedeckt ca. 1 Std. in den Kühlschrank stellen.

2. Inzwischen für die Füllung in einer Schüssel die Marzipanmasse mit der Milch glatt rühren und die Walnusskerne grob hacken. Nun in einem kleinen Topf die Sahne erwärmen. In einem weiteren Topf den Zucker karamellisieren und mit der angewärmten Sahne ablöschen. Die Masse kochen, bis sich der Zucker aufgelöst hat. Die Marzipanmilch und die Walnüsse zugeben und die Füllung vom Herd nehmen.

3. Den Backofen auf 180° vorheizen. Zwei Drittel des Mürbeteigs auf einer bemehlten Arbeitsfläche mit dem Nudelholz etwas größer als eine Springform (ø 26 cm) ausrollen, in die gefettete Form legen, dabei rundum einen Rand hochziehen. Die noch warme Füllung darauf verteilen. Den restlichen Teig in Größe der Form ausschneiden, als Deckel auf die Füllung legen und am Rand gut andrücken. Den Deckel mit einer Gabel mehrmals einstechen, das restliche Ei verquirlen und die Torte damit bestreichen. Die Torte in den heißen Ofen (Mitte) schieben und in 30–40 Min. backen. Nach dem Auskühlen die Nusstorte nach Belieben mit Puderzucker, Schokolade und Walnüssen dekorieren.

Zutaten

Für den Mürbeteig
150 g weiche Butter
100 g Zucker
2 Eier
300 g Mehl
Butter für die Form

Für die Füllung
200 g Marzipanrohmasse
75 ml Milch
125 g Sahne
300 g Zucker
300 g Walnusskerne

Für die Dekoration
Puderzucker
12 halbe Walnüsse
Schokolade

»Eine Spezialität meines Heimatlandes, hier mit dem seit dem Mittelalter als besonders gesund geltenden Getreide Dinkel. Hildegard von Bingen hätte an dieser Kombination aus Gesundheit und Genuss wohl ihre Freude gehabt.« **Johann Lafer**

Dinkel-Linzertorte

1. Die Haselnüsse in einer Pfanne unter Wenden leicht rösten, aus der Pfanne nehmen und auskühlen lassen. Mehl, Haselnüsse und Margarine in einer großen Schüssel vermengen. Zucker, Backpulver, Zimt und Kakao zugeben. Zuletzt Ei und Kirschwasser zufügen und alles mit den Knethaken des Handrührgeräts oder der Küchenmaschine zu einem glatten Teig kneten. Den Teig abgedeckt ca. 4 Std. in den Kühlschrank stellen.

2. Anschließend für die Linzertortenstreifen ein Drittel des Teigs ca. 1 cm dick auf einer bemehlten Arbeitsfläche mit dem Nudelholz ausrollen und für ca. 1 Std. in das Gefrierfach geben. Den restlichen Teig 1,5 cm dick und etwas größer als die Form ausrollen. Den Bodenteig auf ein rundes Blech (ø 30 cm) mit Backpapier oder in eine gefettete Tarteform legen und gleichmäßig mit Himbeer- oder Johannisbeerkonfitüre bestreichen.

3. Den Backofen auf 190–200° vorheizen (am besten Ober-/Unterhitze). Den angefrorenen Teig für die Streifen aus dem Gefrierfach nehmen und mit dem verquirlten Eigelb bestreichen. Danach den Teig mithilfe eines Teigrads in 1 cm breite Streifen schneiden. Die Teigstreifen in einem Abstand von 5 cm gitterartig auf die Konfitüre platzieren und am Tortenrand entlanglegen.

4. Die Linzertorte in den heißen Ofen (Mitte) schieben und 40–45 Min. backen. Sobald die Konfitüre zwischen den Teiggittern zu kochen beginnt, die Linzertorte aus dem Ofen nehmen und 2–3 Std. vollständig auskühlen lassen.

Zutaten

Für den Teig
200 g gemahlene Haselnüsse
250 g Dinkelmehl (Type 630)
250 g Margarine
250 g Zucker
½ Päckchen Backpulver
1 Prise Salz
25 g Kakaopulver
1 TL Zimtpulver
1 Ei
1 EL Kirschwasser

Für die Füllung
600 g Himbeer- oder Johannisbeerkonfitüre
1 Eigelb

Dinkelbäckerei Autenrieth, Bretten

Matcha-Torte

1. Den Backofen auf 170° vorheizen. Für den Biskuit die Eier und den Zucker in eine Schüssel geben und im heißen Wasserbad erwärmen. Aus dem Wasserbad nehmen und mit den Quirlen des Handrührgeräts aufschlagen. Mehl und Matchatee-Pulver vermischen und unterrühren. Den Teig in eine mit Backpapier belegte Springform geben, in den heißen Ofen (Mitte) schieben und ca. 40 Min. goldbraun backen.

2. Für die Füllung die Sahne mit dem Handrührgerät steif schlagen. Ca. 150 g von der geschlagenen Sahne abnehmen, in einer kleinen Schüssel mit der Bohnenpaste vermischen und glatt rühren. Die restliche geschlagene Sahne kühl stellen. Die Erdbeeren waschen, abtrocknen, entstielen und in kleine Würfel schneiden.

3. Die Gelatine in kaltem Wasser einweichen, gut ausdrücken, mit dem Rum in einen Topf geben, erwärmen und darin auflösen. In einer weiteren Schüssel die Eigelbe mit dem Zucker aufschlagen, den Mascarpone zugeben und weiter aufschlagen. Die Gelatine zufügen und zwei Drittel der restlichen geschlagenen Sahne unter die Masse heben.

4. Den fertig gebackenen Biskuit aus dem Ofen nehmen, aus der Form lösen, das Backpapier abziehen und mit einem langen Messer waagerecht dreimal durchschneiden und auskühlen lassen. Zucker, Wasser und 1 TL Matchatee-Pulver in einem Topf aufkochen und ca. 2 Min. unter Rühren kochen lassen. Die Biskuitböden jeweils damit beträufeln.

5. Den ersten Biskuitboden in einen Tortenring legen, dünn mit Bohnenpaste bestreichen, dann etwas Mascarponecreme und Erdbeerwürfel darauf verteilen. Den zweiten getränkten Boden darauflegen, mit Bohnenpaste, Mascarponecreme und Erdbeeren belegen. Den dritten Boden mit der restlichen Bohnenpaste, Mascarponecreme und Erdbeeren belegen. Zum Abschluss den vierten Biskuitboden obenauf legen. Den Tortenring entfernen und die Torte mit der restlichen geschlagenen Sahne rundum einstreichen. Restliches Matchatee-Pulver in ein Sieb geben und die Torte gleichmäßig damit bestäuben.

*Das neue Kubitscheck,
München*

Zutaten

Für den Biskuit
6 Eier (Größe M)
170 g Zucker
160 g Mehl
10 g Matchatee-Pulver

Für die Füllung
800 g Sahne
500 g Erdbeeren
200 g Azuki-Bohnenpaste (Asiashop)
5 Blatt Gelatine
20 ml Rum
6 Eigelb
100 g Zucker
250 g Mascarpone

Zum Beträufeln der Biskuitböden
80 g Zucker
100 ml Wasser
2 TL Matchatee-Pulver

Catharinen-Torte

1. Für den Mürbeteigboden Butter, Zucker, Salz und Vanillezucker verkneten. Milch und Mehl zugeben und zu einem glatten Teig kneten. Den Teig abgedeckt über Nacht in den Kühlschrank stellen. Am nächsten Tag den Teig auf einer bemehlten Arbeitsfläche dünn ausrollen und in eine gefettete Springform (ø 28 cm) legen. In dem auf 160° (Umluft) vorgeheizten Ofen (Mitte) 15–18 Min. backen.

2. Für den Biskuitboden die Butter schmelzen. In einem weiteren Topf die Eier mit Zucker, Vanillezucker und Salz erwärmen (36°) und ca. 20 Min. aufschlagen. Danach Mehl, Stärke und Backpulver unterheben und die flüssige Butter unterziehen. Den Teig in eine Springform (ø 28 cm) mit Backpapier geben und in den auf 200° vorgeheizten Ofen (Mitte) schieben. Nach 10 Min. auf 180° herunterregeln, 15–20 Min. fertig backen. Den abgekühlten Biskuit quer teilen.

3. Für die Füllung Pfirsiche entkernen und mit dem Pürierstab mixen. Durch ein Sieb passieren, bis sich 150 g Saft ergeben. Pfirsichpulpe zum Püree geben und 30 g Zucker zugeben. 3 Blatt Gelatine in kaltem Wasser 10 Min. einweichen, ausdrücken, in einem Topf auf 50° erwärmen und unterrühren. Die Mischung in einen Tortenring mit Backpapier (ø 26 cm) füllen und ca. 3 Std. ins Gefrierfach stellen.

4. Den Mürbeteigboden in einem gefetteten Tortenring mit Marmelade bestreichen und einen Biskuitboden darauflegen. Quark mit restlichem Zucker und Milch verrühren. 8 Blatt Gelatine in kaltem Wasser 10 Min. einweichen. 500 g Sahne steif schlagen. Die Gelatine in die Quarkmischung rühren und die Sahne unterheben.

5. Eine Schicht Quarksahne in den Tortenring streichen und die gelierte Fruchteinlage darauflegen. Eine weitere Schicht Quarksahne darauf verteilen und mit zweitem Biskuit belegen. Restliche Quarksahne in den Ring füllen, die Torte glatt streichen und ca. 2 Std. in den Kühlschrank stellen.

6. Den Pfirsichsaft mit Gelierzucker 4 Min. kochen, abgekühlt auf der Torte verteilen. Den Tortenring abziehen, restliche Sahne mit Sahnesteif aufschlagen und die Torte einstreichen.

Bäckerei Konditorei Schaefer, Illingen

Zutaten

Für den Mürbeteigboden

100 g Butter
45 g Zucker
4 g Salz
1 Päckchen Vanillezucker
10 ml Milch
150 g Weizenmehl (Type 405)

Für die Biskuitböden

30 g Butter
3 Eier
180 g Zucker, 1 Päckchen Vanillezucker
1 Prise Salz
90 g Weizenmehl (Type 405)
85 g Weizenstärke
1/2 Päckchen Backpulver

Für die Füllung

8–10 Pfirsiche
130 g Zucker
11 Blatt Gelatine
2 EL Pfirsichmarmelade
500 g Magerquark
100 ml Milch
650 g Sahne
50 g Gelierzucker, 1 TL Sahnesteif

Tipp! »Diese Eigenkreation der Bäckerei Schäfer begeistert mich.
Muss es schnell gehen, kann man statt des aufwendigen
Fruchtpürees einfach Pfirsichspalten einlegen.«
Johann Lafer

Erdbeer-Tartelettes

1. Für den Teig in einer Schüssel das Eigelb und den Zucker mit dem Handrührgerät schaumig schlagen. Die weiche Butter zugeben. Das Mehl mit dem Backpulver und dem Salz mischen und unter die Eigelbmasse heben. Den Teig abgedeckt 60–90 Min. in den Kühlschrank stellen.

2. Inzwischen für den Belag in einer kleinen Schüssel das Eigelb mit dem Zucker und dem Puddingpulver verrühren. Die Milch in einem Topf zum Kochen bringen, das angerührte Puddingpulver in die Milch gießen und ca. 2 Min. unter ständigem Rühren kochen lassen. Anschließend die Creme in eine Schüssel geben und auskühlen lassen.

3. Den Backofen auf 170° vorheizen. Den Teig auf einer bemehlten Arbeitsfläche mit dem Nudelholz ca. 5 mm dick ausrollen und mithilfe eines Glases (ø 7,5 cm) 14 runde Teigstücke ausstechen. Die Teigstücke in die gefetteten Tarteletteförmchen legen und die Förmchen auf einem Blech in den heißen Ofen (Mitte) schieben. Die Tartelettes ca. 15 Min. backen.

4. Inzwischen die Gelatineblätter in kaltem Wasser auflösen, danach in einem Topf erwärmen, bis die Blätter geschmolzen sind. Die Sahne mit den Quirlen des Handrührgeräts steif schlagen. Den ausgekühlten Pudding durchrühren, dann nach und nach die Pistazienpaste, die aufgelöste Gelatine und die Sahne vorsichtig unterheben. Die Erdbeeren waschen, von den Stielen befreien, halbieren oder vierteln.

5. Die gebackenen Teigböden aus den Förmchen lösen und auskühlen lassen. Die Pistaziencreme ca. 1 cm dick auf die Teigböden streichen und die Erdbeeren kreisförmig darauf verteilen. Zum Schluss die Erdbeertartelettes mit Puderzucker bestäuben.

Zutaten

(für 14 Tartelettes, ø 8 cm)

Für den Teig
160 g Zucker
4 Eigelb
160 g weiche Butter
225 g Mehl (Type 550)
8 g Backpulver
2 g Salz

Für den Belag
250 ml Milch
60 g Zucker
3 Eigelb
30 g Vanillepuddingpulver
20 g Pistazienpaste
300 g Sahne
3 Blatt Gelatine
200 g Erdbeeren je nach Größe
Puderzucker zum Bestäuben

Bäckerei Konditorei Ways, Moosinning

Kirsch-Cupcakes

1. Den Backofen auf 180° (Ober- /Unterhitze) vorheizen. Papierförmchen in eine 12er-Muffinform setzen. Für den Cupcaketeig die Butter und die Schokolade im Wasserbad oder in der Mikrowelle schmelzen, beiseitestellen und abkühlen lassen. Anschließend mit dem Handrührgerät die abgekühlte Schokobutter mit dem Zucker schaumig schlagen, dann die Eier einzeln unterrühren. Mehl, Backpulver, Salz und Kakao mischen und mit der Milch unter die Eiermasse rühren. Den Teig in die Förmchen füllen, in den heißen Ofen (Mitte) schieben und die Cupcakes in ca. 20 Min. backen.

2. Inzwischen für die Kirschfüllung ca. 150 ml Saft aus dem Kirschglas mit der Speisestärke und dem Zucker glatt rühren. Die Kirschen mit etwas Saft in einen kleinen Topf geben und erhitzen. Die angerührte Speisestärke unter Rühren zugeben und so lange rühren, bis die Flüssigkeit bindet.

3. Für die Buttercreme die Butter und den gekochten Vanillepudding auf Zimmertemperatur bringen. Die Butter mit zunächst einem Viertel des Puddings mit dem Handrührgerät aufschlagen, nach und nach den restlichen Pudding zugeben und weiter locker aufschlagen, bis die Creme weiß geworden ist.

4. Die Kuchen aus dem Ofen nehmen und auskühlen lassen. Mit einem Apfelausstecher oder einem Teelöffel mittig einen Keil herauslösen und die ausgehöhlten Cupcakes mit dem Mandellikör beträufeln. Anschließend die gekochte Kirschfüllung in die ausgehöhlten Cupcakes füllen.

5. Die Buttercreme in einen Spritzbeutel mit großer Sterntülle füllen und in Rosettenform auf die Cupcakes spritzen. Jeden Cupcake am Rand mit weißen Schokoraspeln verzieren und oben in die Mitte eine Amarenakirsche setzen.

Zutaten

Für den Teig
100 g Butter
50 g Zartbitterschokolade
130 g brauner Zucker
2 Eier
180 g Mehl (oder glutenfreie helle Mehlmischung, z.B. Maistereimix)
1 TL Backpulver
1 Prise Salz
3 EL Kakaopulver
100 ml Milch

Für die Kirschfüllung
1/2 Glas Sauerkirschen
2 EL Speisestärke
1 EL Zucker

Für die Buttercreme
300 g gekochter Vanillepudding
180 g Butter

Für die Dekoration
4 EL weiße Schokoladenraspel
12 Amarenakirschen
12 TL Mandellikör

Die Maisterei, Solms-Oberndorf

Frankfurter Kränzchen

1. Den Backofen auf 200° vorheizen. Für den Teig Butter und Zucker mit den Quirlen des Handrührgeräts schaumig schlagen. Vanille und Zitronenschale zugeben, Eier und Eigelb zugeben und unter die Butter-Zucker-Masse rühren. Mehl, Weizenstärke, Backpulver und Salz unter die Eiermasse rühren. Den Teig in die gefetteten Förmchen geben, in den heißen Ofen (Mitte) schieben und 25–30 Min. backen.

2. Inzwischen für die Füllung die Gelatine in kaltem Wasser einweichen. Die Kirschen entsteinen, 20 Kirschen zur Dekoration beiseitelegen, die restlichen mit dem Pürierstab mixen. In einen Topf geben und mit dem Zucker erwärmen, die Gelatine gut ausdrücken, zugeben und im Püree auflösen. Einen Teller mit Frischhaltefolie auslegen, das Kirschpüree daraufgeben und im Kühlschrank gelieren lassen.

3. Für die Buttercreme Eier, Zucker und Vanillemark erst im warmen, dann im kalten Wasserbad mit dem Handrührgerät aufschlagen. Die Butter zugeben und die Creme weiter luftig aufschlagen, mit Kirschwasser aromatisieren.

4. Die fertig gebackenen kleinen Kuchen aus dem Ofen nehmen, aus den Formen stürzen und auf dem Kuchengitter auskühlen lassen. Dann die Kuchen einmal quer in der Mitte durchschneiden.

5. Das Kirschgelee aus dem Kühlschrank nehmen, mithilfe einer runden Ausstechform oder eines kleinen Glases Ringe ausstechen und jeweils auf das Kuchenunterteil setzen. Die Buttercreme in einen Spritzbeutel mit Lochtülle füllen und jeweils einen Ring Creme außen um das Kirschgelee herumspritzen. Das Kuchenoberteil daraufsetzen, die kleinen Kuchen rundum mit Buttercreme bestreichen und kurz in den Kühlschrank stellen.

6. Die kleinen Kuchen aus dem Kühlschrank nehmen, mit einer Rosette aus Buttercreme garnieren und als Dekoration die beiseitegelegten Kirschen obenauf setzen.

Confiserie Graff,
Frankfurt-Rödelheim

Zutaten

(für 20 Gugelhupf-Formen à 8 cm)

Für den Teig
270 g weiche Butter
270 g Zucker
je 1 Msp. Vanillepulver, Zitronenschale
4 Eier, 2 Eigelb
150 g Mehl (Type 405)
150 g Weizenstärke
5 g Backpulver
1 Prise Salz

Für die Füllung
(Kirschgelee)
3 Blatt Gelatine
300 g frische Süßkirschen
50 g Zucker
(Buttercreme)
6 Eier
200 g Zucker
Mark von 1 Vanilleschote
500 g weiche Butter
50 ml Kirschwasser

Tipp! *Wer möchte, kann die kleinen Kränzchen noch mit Mandelkrokant bestreuen. Dafür in einer Pfanne 500 g Puderzucker hell karamellisieren, 25 g Butter zugeben und 250 g gehobelte Mandeln unterheben.*

Bäckerei Detlef Schiano,
Celle

*Will man die kleinen Fruchtkuchen
nach dem Backen nicht aus der Form lösen,
nimmt man am besten Tarteformen aus
Keramik oder Glas, die auf dem Kaffeetisch
schön aussehen.*

Mini-Fruchtinseln

1. Für den Teigboden die weiche Butter mit Zucker in eine Schüssel geben und mit den Quirlen des Handrührgeräts schaumig schlagen. Nach und nach die Eier und Aromen zugeben. Das Mehl mit der Weizenstärke und dem Backpulver mischen und unter die Eiermasse heben.

2. Den Backofen auf 170° vorheizen. Die Tarteformen (ø 15 cm) einfetten und den Teig gleichmäßig auf die Formen verteilen. In den heißen Ofen (Mitte) schieben und den Teig in ca. 17 Min. backen.

3. Inzwischen für den Belag das Puddingpulver in einer Schüssel mit 5 EL Milch und 3 EL Zucker verrühren. Die restliche Milch in einem Topf aufkochen, vom Herd nehmen und das angerührte Puddingpulver zugeben, dann unter Rühren nochmals aufkochen lassen. Die Früchte waschen, entsteinen oder entkernen und in kleine Stücke oder Spalten schneiden.

4. Die Tartes aus dem Ofen nehmen, kurz auskühlen lassen, dann mit dem Vanillepudding bestreichen und die Früchte darauf verteilen.

5. In einem Topf das Tortengusspulver mit 2 EL Zucker und dem Wasser oder Saft glatt rühren. Zum Kochen bringen, dann 1 Min. abkühlen lassen. Den Guss esslöffelweise von der Mitte aus gleichmäßig auf die Früchte streichen und ca. 20 Min. erkalten lassen.

Zutaten

(für 6 Stück)

Für den Teigboden
250 g weiche Butter
150 g Zucker
3 Eier
je einige Tropfen Vanille- und
Zitronenaroma
200 g Mehl (Type 550)
70 g Weizenstärke
8 g Backpulver

Für den Belag
1 Päckchen Vanillepudding
500 ml Milch
5 EL Zucker
500 g frische Früchte nach Belieben
(z.B. Birnen, Pfirsiche, Brombeeren,
Kirschen)
1 Päckchen Tortengusspulver
250 ml Wasser oder verdünnter Fruchtsaft

Fink – Backen mit Liebe,
Steinau

Tipp!

»Für die Herstellung eines Sandteigs
ist es wichtig, dass Butter und Eier
Raumtemperatur haben, dann verbinden
sie sich besser. Falls nicht, einfach ein
wenig Mehl unterziehen.« **Jochen Baier**

Kokossandküchlein

1. Eine 12er-Muffinform einfetten und mit etwas Mehl bestäuben. 18 Physalisfrüchte jeweils halbieren. Den Backofen auf 180° (Ober-/Unterhitze) vorheizen.

2. In einer Schüssel Butter, Zucker, Salz, Zitronenschale und Vanillemark mit den Quirlen des Handrührgeräts leicht schaumig schlagen. Nach und nach die Eier zugeben und weitere 2 Min. schlagen. Das Mehl mit dem Backpulver in einem Sieb vermischen, die Milch mit den Kokosraspeln in einer Schüssel verrühren. Dann das Mehlgemisch und die Kokosraspelmilch rasch unter die Butter-Zucker-Masse rühren.

3. Den Teig in die Förmchen füllen, dabei jeweils drei halbe Physalisfrüchte in jede Form stecken. Die Muffinform in den heißen Ofen (Mitte) schieben und die Küchlein ca. 18 Min. backen.

4. Die fertig gebackenen Küchlein aus der Form lösen und auskühlen lassen, nach Belieben sogleich mit heißer Aprikosenmarmelade bestreichen, dann bleiben die Küchlein länger frisch. In einem Topf die weiße Kuvertüre schmelzen und die Küchlein damit überziehen. Jedes Kokossandküchlein mit einer Physalisfrucht verzieren.

Zutaten

(für 12 Stück)

30 Stück Physalis
150 g weiche Butter
150 g Zucker
1 Prise Salz
abgeriebene Schale von 1 Zitrone
Mark von 1 Vanilleschote
2 Eier
150 g Weizenmehl (Type 405)
1 TL Backpulver
75 ml Milch
100 g feine Kokosraspeln
100 g weiße Kuvertüre
(evtl. Aprikosenmarmelade)

Apfelwein-Windbeutel

1. Für den Teig Wasser, Salz und Butter in einen Topf geben und zum Kochen bringen. Vom Herd nehmen und das Mehl unterrühren. Den Topf wieder auf die Herdplatte stellen und den Teig unter Rühren so lange erhitzen, bis er zu einem festen Klumpen geworden ist. Vom Herd nehmen und den Teig auskühlen lassen. Die Eier einzeln verquirlen und nach und nach unter den ausgekühlten Teig rühren, bis er in Spitzen vom Löffel fällt (evtl. das letzte Ei weglassen oder nur zur Hälfte verwenden).

2. Den Backofen auf 220° vorheizen, dabei eine kleine Metallschale mit Wasser auf die unterste Schiene oder den Boden stellen. Ein Blech mit Backpapier belegen. Mit einem Teelöffel kleine Teighäufchen formen und mit großem Abstand auf das Blech setzen. In den heißen Ofen (Mitte) schieben und die Windbeutel in ca. 30 Min. backen. Dabei auf keinen Fall den Ofen öffnen, damit die Windbeutel nicht zusammenfallen!

3. Inzwischen für die Füllung das Puddingpulver in einer Schüssel mit 6 EL Apfelwein verrühren. In einem Topf den restlichen Apfelwein mit dem Zucker erhitzen. Die Eier trennen, die Eigelbe in einer Schüssel mit 2 EL erhitztem Apfelwein verrühren, die Eiweiße beiseitestellen. Den angerührten Pudding zum heißen Apfelwein geben und unter Rühren so lange kochen, bis die Creme eindickt. Das angerührte Eigelb zugeben und die Creme erneut aufkochen. Ins kalte Wasserbad geben, auskühlen lassen und nochmals durchrühren. Das Eiweiß mit den Quirlen des Handrührgeräts steif schlagen und unter die lauwarme Apfelweincreme heben.

4. Die Windbeutel aus dem Ofen nehmen, mit einer Schere waagerecht aufschneiden und auskühlen lassen. Die Apfelweincreme auf die Unterseite der Windbeutel geben, die Deckel daraufsetzen und die Windbeutel nach Belieben mit Puderzucker bestäuben.

BrotZeit, Büdingen

Zutaten

(für 12 Stück)

Für den Teig
250 ml Wasser
1 Prise Salz
50 g Butter
150 g Mehl
4 Eier (Größe M)

Für die Füllung
1 Päckchen Vanillepuddingpulver
500 ml Apfelwein
60 g Zucker
3 Eier

Himbeer-Macarons

1. Den Backofen auf 150° vorheizen. Das Mandelmehl und den Puderzucker in einen Blitzhacker geben und die Mischung sehr fein mahlen. In eine Schüssel geben und 4 Eiweiße untermischen. In einem Rührbecher die restlichen Eiweiße mit den Quirlen des Handrührgeräts steif schlagen, dabei nach und nach 30 g Zucker einrieseln lassen.

2. In einem Topf das Wasser mit dem Zucker aufkochen. Die Zuckermischung nach und nach zum Eischnee geben und den Eischnee weiter aufschlagen. Die Mandel-Puderzucker-Mischung darunterrühren, sodass die Baisermasse eine lavaartige Konsistenz erhält.

3. Die Baisermasse in einen Spritzbeutel mit Lochtülle füllen und mit etwas Abstand in größeren Tupfen (ø 6 cm) auf ein Blech mit Backpapier spritzen. In den heißen Ofen (Mitte) schieben und in 15–20 Min. backen. Die Macarons aus dem Ofen nehmen und auskühlen lassen.

4. Für die Füllung in einem Topf Milch mit Zucker und Vanillepuddingpulver glatt rühren. Das Vanillemark und die Vanilleschote zugeben und das Milchgemisch unter Rühren aufkochen und kurz kochen lassen. Die Schote entfernen und den Pudding mit etwas Zucker bestreuen, damit sich keine Haut bildet, dann bei Zimmertemperatur abkühlen lassen. Die Butter mit Puderzucker hellcremig rühren. Den abgekühlten Pudding löffelweise unterrühren und zu einer luftigen Creme aufschlagen. Die Buttercreme ca. 30 Min. in den Kühlschrank stellen.

5. Anschließend die Buttercreme mit der Pistazienpaste mischen und in einen Spritzbeutel füllen. Auf die untere Macaronseite jeweils etwas Himbeerkonfitüre streichen, danach 5 Himbeeren daraufsetzen und die Crememischung dazwischenspritzen. Den Deckel auflegen und die Himbeer-Macarons nach Belieben dekorieren.

Zutaten

Für den Macaronteig
300 g Mandelmehl (geriebene, blanchierte Mandeln)
300 g Puderzucker
8 Eiweiß
30 g Zucker
100 ml Wasser
300 g Zucker

Für die Füllung
500 ml Milch
2 Päckchen Vanillepuddingpulver
30 g Zucker
Mark von 1/2 Vanilleschote
200 g weiche Butter
50 g Puderzucker
4 TL Pistazienpaste
4 TL Himbeerkonfitüre
300 g Himbeeren

Lucky Lutz, Ludwigsburg

Leichte Mädchen

1. Für den Teigboden in einer Schüssel Puderzucker, Vanillemark, Salz und Butter mischen und glatt rühren, zunächst das Ei, dann das Mehl zugeben und alles zu einem glatten Teig verarbeiten. Den Teig in Frischhaltefolie wickeln und ca. 2 Std. in den Kühlschrank stellen.

2. Inzwischen 20 Tarteletteförmchen (ø 10 cm) einfetten und den Backofen auf 180° vorheizen. Den gekühlten Teig auf eine bemehlte Arbeitsfläche geben, mit dem Nudelholz ca. 3 mm dick ausrollen und mithilfe einer Ausstechform oder eines Glases 20 Teigkreise ausstechen. Den Teig in die Tarteletteförmchen geben, mit der Gabel einstechen, in den heißen Ofen (Mitte) schieben und ca. 12 Min. goldgelb backen.

3. Für die Füllung Rote-Bete-Saft, Himbeeren, Vanilleschote, Zucker und Eier in einer Metallschüssel im Wasserbad bei 85° so lange rühren, bis die Masse cremig wird. Die Gelatine in kaltem Wasser einweichen, ausdrücken und in die warme Masse geben. Die Masse durch ein Sieb passieren und mit dem Pürierstab mit der Butter vermixen.

4. Die gebackenen Tartelettes aus dem Ofen nehmen, aus den Förmchen lösen und auf ein Tablett oder Blech geben. Die Füllung auf den Tartelettes verteilen und ca. 2 Std. in den Gefrierschrank stellen.

5. Für die Dekoration die Tartelettes aus dem Gefrierschrank nehmen. Den Tortenguss nach Packungsanweisung mit Wasser und Zucker anrühren und mit einem Löffel den Guss gleichmäßig auf der gefrorenen Fruchtfüllung verteilen.

6. Die weiße Kuvertüre in einem Topf schmelzen bis 45°, dann abkühlen lassen auf 26°, dafür ins Gefrierfach stellen und ab und zu umrühren, danach auf 28° erwärmen und die Kuvertüre ca. 2 mm dick auf Backpapier streichen. Dafür mit dem Messerrücken kleine Diagonalen zeichnen. Dann das Backpapier etwas aufrollen, sodass dadurch kleine Segel entstehen, sobald die Kuvertüre wieder fest wird.

7. Diagonal über jedes Törtchen eine Linie gehackte Pistazien streuen und jeweils ein Segel setzen.

Café Schmidt, Hamburg

Zutaten

(für 20 Törtchen)

Für den Teigboden
100 g Puderzucker
Mark von 1 Vanilleschote
1 Prise Salz
100 g Butter
1 Ei
250 g Mehl

Für die Füllung
80 ml Rote-Bete-Saft
60 g Himbeeren
1 Vanilleschote
140 g Zucker
4 Eier
1 Blatt Gelatine
225 g Butter

Für die Dekoration
1 Päckchen Tortenguss
200 g weiße Kuvertüre
2 EL gehackte Pistazien

Tipp! Wem die Dekoration dieser delikaten Törtchen zu aufwendig ist, kann stattdessen ein Muster aus flüssiger weißer Kuvertüre darüber gespritzt werden.

So werden Sie zum Backprofi

Lesen Sie jedes Rezept genau durch, bevor Sie die Zutaten einkaufen und mit dem Backen beginnen. Halten Sie sich an Mengen- und Zeitangaben.

Bevor Sie loslegen, stellen Sie bereit, was benötigt wird: Zutaten, Küchengeräte und Backutensilien. Backzutaten rechtzeitig aus dem Kühlschrank nehmen, die meisten Lebensmittel benötigen Zimmertemperatur. Prüfen Sie vorab im Rezept.

Der perfekte Teig, so klappt's

Mürbeteig immer nur kurz und gründlich verkneten, am besten gelingt das mit einer Küchenmaschine. Vor der Weiterverarbeitung mindestens eine Stunde im Kühlschrank ruhen lassen.
Hefeteig etwa fünf Minuten kneten, dann abgedeckt an einem warmen Ort gehen lassen. Zwischen den einzelnen Arbeitsschritten immer wieder kurz gehen lassen.
Klassische Rührteige werden richtig fein, wenn Sie ein Drittel der Mehlmenge durch Speisestärke ersetzen.
Keksböden lassen sich sehr einfach herstellen, wenn man die Kekse in einer stabilen Plastiktüte verpackt und mit einer Pfanne fein zerbröselt.

Steife Sahne wie vom Bäcker

Für perfekte Schlagsahne sollte die Sahne kühlschrankkalt in einem hohen Rührbecher erst langsam auf Stufe 1 des Rührgeräts angeschlagen werden. Sobald sie anfängt steif zu werden, auf höchster Stufe fertig schlagen.
Achtung: Wird Sahne zu lange geschlagen, trennen sich Fett und Moleküle, sie wird dann unbrauchbar.

Das Gelbe vom Ei

Oft bleibt beim Backen das Eigelb übrig, sie können es mit etwas Wasser bedeckt bis zu zwei Tage im Kühlschrank aufbewahren.
Das Eiweiß immer in einer sauberen und fettfreien Schüssel verarbeiten. Auch die Rührgeräte müssen unbedingt sauber sein. Eine Prise Salz hält den Eischnee schön steif.

Ab in den Ofen

Nicht jeder Backofen macht gleich heiß, für viele Rezepte ist aber die richtige Temperatur ausschlaggebend für das Gelingen. Am besten verwenden Sie ein Backofenthermometer, um die richtige Temperatur zu finden.
Bevor Sie Ihr Backwerk in den Ofen schieben, versichern Sie sich, ob der Ofen vorgeheizt sein sollte, ob die Temperatur als Ober- oder Unterhitze oder Umluft angegeben ist. Grundsätzlich kann man bei Umluft die Temperatur um ca. 20 Grad niedriger einstellen.

Förmchen und Bleche

Backbleche und -formen sollten immer entweder eingefettet oder mit Backpapier ausgelegt werden, beachten Sie dazu das Rezept. Um Backpapier besser an die Form anpassen zu können, knüllen Sie es einmal in der Faust zu einem Ball und streichen es anschließend wieder glatt.

Schon fertig?

Ob ein Gebäckstück schon gar ist, testen Sie am besten mit der Stäbchenprobe. Dazu mit einem langen Holzstäbchen in die dickste Stelle des Teiges stechen. Ist das Stäbchen beim Herausziehen sauber und trocken, ist der Kuchen fertig.
Bevor Sie Ihren Kuchen aus der Form stürzen oder den Tortenring abmachen, lassen Sie den Teig etwa zehn Minuten auskühlen. So behält der Kuchen anschließend seine Form.

Bei Mürbteig finden Sie im Rezept häufig den Hinweis auf Blindbacken, dazu legen Sie den Boden nach Anweisung mit dem Backpapier aus, legen eine weitere Lage Backpapier auf dem Teig aus und füllen die Form mit Hülsenfrüchten an. Den Boden auf diese Art etwa zehn Minuten backen, Hülsenfrüchte und Papier entfernen und nach Rezept zu Ende backen.

Service und Dank

Die Redaktion des Gräfe und Unzer Verlages möchte sich für die Mitarbeit an diesem Buch ganz herzlich bedanken bei…

…allen Bäckerinnen und Bäckern, die uns für dieses Buch ihre Lieblingsrezepte zugesandt haben.

…Christa Schmedes für die sorgfältige Prüfung der Rezepte und Zutatenlisten und die fachliche Beratung unseres Lektorats.

…Bernd Kütscher, Frank Sweningson und der Akademie Deutsches Bäckerhandwerk in Weinheim für die fachliche Beratung und das Probebacken.

…Eveline Wild und ihrem Team aus dem Wohlfühlhotel Eder für die fachliche Beratung und das Probebacken.

…Sabine Finger für die kreative Set-Fotografie.

…Mathias Neubauer für die Food-Fotografie.

Wichtiger Hinweis

Alle Rezepte in diesem Buch wurden von den jeweiligen Bäckern auf Basis der Gegebenheiten in einem professionellen Backbetrieb nach bestem Wissen und mit größtmöglicher Sorgfalt erstellt. Einzelne Zutaten, Gerätschaften und Backleistungen von Öfen sind beim haushaltsüblichen Backen nicht zu erwerben oder nachzustellen. Aus diesem Grund wurden die Rezepte von Fachberatern geprüft, nachgebacken und gegebenenfalls für den Privathaushalt abgeändert. Es kann darum zu Abweichungen bei Zutaten und/oder Anleitungsschritten kommen. Weder der Verlag noch die Bäcker können für eventuelle Nachteile oder Schäden, die aus den im Buch gegebenen praktischen Hinweisen resultieren, eine Haftung übernehmen.

Dieses Buch erhalten Sie im Buchhandel und über den ZDF Online Shop, www.zdf-shop.de

Register

Register

Register

Register

Impressum

© 2014 GRÄFE UND UNZER VERLAG GmbH, München

lizenziert durch ZDF Enterprises GmbH
© ZDF 2014

Begleitbuch zur Sendung „Deutschlands bester Bäcker",
eine Sendung des Zweiten Deutschen Fernsehens

Projektleitung: Regina Denk
Lektorat: Julei M. Habisreutinger
Food-Fotografie und Styling: Mathias Neubauer
People- und Set-Fotografie: Sabine Finger
Umschlaggestaltung und Innenlayout: Martina Baldauf, herzblut 02 GmbH
Herstellung: Markus Plötz
Satz: KONTRASTE – Graphische Produktion, Björn Fremgen
Druck und Bindung: Firmengruppe APPL, Wemding
Printed in Germany
Bildnachweis:
Seite 16 – 31 Teubner Foodfoto Füssen

ISBN 978-3-8338-4438-6
1. Auflage 2014
www.graefeundunzer-verlag.de

www.facebook.com/gu.verlag

GRÄFE
UND
UNZER

Ein Unternehmen der
GANSKE VERLAGSGRUPPE